중고등학생을 위한

표준 한국어

의사소통 2

중고등학생을 위한

표준 한국어

국립국어원 기획 · 심혜령 외 집필

의사소통 2

마리북스

발간사

　다문화가정 학생 수는 매년 증가하여 2018년 12만여 명에 이릅니다. 그런데 중도입국자녀나 외국인 가정 자녀와 같은 다문화 학생들은 학령기 학생에게 기대되는 한국어 능력 수준에 이르지 못하는 경우가 많습니다. 이는 다문화 학생이 교과 학습 능력을 갖추지 못하거나 또래 집단 문화에 적응하지 못하는 결과로 이어지고, 결국 한국 사회에 안정적으로 정착하는 데 어려움을 겪는 주요한 원인이 됩니다. 따라서 다문화 학생을 위한 교육 지원은 보다 전문적이고 체계적으로 이루어져야 합니다.

　학령기 한국어 학습자를 위한 정부 지원은 교육부에서 2012년에 '한국어 교육과정'을 개발하여 고시하였고, 국립국어원에서 교육과정을 반영한 학교급별 교재를 개발하면서 본격적으로 이루어졌습니다. 그 후 '한국어 교육과정'이 개정·고시(교육부 고시 제2017-131호)되었습니다. 이에 국립국어원에서는 2017년부터 개정된 교육과정에 따라 한국어 교재를 개발하고 있으며, 그 첫 번째 결과물로 초등학교 교재 11권, 중고등학교 교재 6권을 출판하게 되었습니다. 교사용 지도서는 별도로 출판은 하지 않지만 국립국어원 한국어교수학습샘터에 게시해 현장 교사들이 무료로 이용할 수 있게 하였습니다.

　이번 교재 개발에는 언어학 및 교육학 전문가가 집필자로 참여하여 한국어 교육의 전문적 내용을 쉽고 친근하게 구성하기 위해 노력하였습니다. 특히 이 교재는 언어 능력 향상뿐만 아니라 서로 다른 문화를 이해하여, 한국 사회 구성원으로서 정체성을 확립하는 데 도움이 되도록 개발하였습니다.

　아무쪼록 《표준 한국어》 교재가 다문화가정 학생들이 한국어를 쉽고 재미있게 배워서 한국 사회에서 자신의 꿈을 키워나가는 데 도움을 줄 수 있기를 바랍니다.

　끝으로 이 교재의 개발을 위해 최선의 노력을 기울여 주신 교재 개발진과 출판사에 깊은 감사의 말씀을 드립니다.

2019년 2월
국립국어원장 소강춘

머리말

　최근 우리 사회는 본질적이고도 구체적인 국제화, 다문화 시대를 맞이하고 있습니다. 국제결혼, 근로 이민, 장단기 유학, 나아가 전향적 방향에서의 재외 동포 교류, 새터민 유입 등의 여러 가지 요인에 의해 지금까지의 민족 공동체, 문화 공동체, 국가 공동체의 개념을 뛰어 넘는 한반도 공동체의 시대를 살아가게 된 것입니다.

　이 한반도 공동체 시대에 다양한 기반의 공동체 구성원들이 다 함께 행복하기 위해서는 사회가 보다 정의롭고 공정해야 하는데, 이를 위한 사회적 행동의 출발은 교육, 그중에서도 한국어 교육이라고 말할 수 있습니다. 특히 다문화 배경의 학령기 청소년, 이른바 KSL 학습자들의 경우, 이들 역시 우리 사회의 미래 주역이라는 점에서 우리 사회의 건강한 미래를 위해서는 이들 모두가 순조롭게 정착하고 공정하게 경쟁하여 발전할 수 있도록 의사소통 능력과 학업 이수를 위한 교육적 지원을 적극적으로 해 주어야 합니다. 이것이 바로 KSL 교육의 존재 이유이자 목표라 할 것입니다.

　다행히 우리 사회는 이 부분에 있어 사회적 공감과 정책적 구체화에 일찌감치 눈을 떠 이미 2012년에 '한국어 교육과정'을 마련하였고 그에 따라 한국어(KSL) 교육이 공교육 현장에서 시행되어 오고 있습니다. 그리고 몇 년간의 시행 끝에 보다 고도화되고 구체화된 교육과정이 2017년에 개정되었고 그 교육과정의 구체적 구현으로서의 교재가 새로이 개발되기에 이르렀습니다. 교과 내용 설계에 대한 이론적, 행정적 검토를 거쳐, 학교생활 기반의 의사소통 능력 강화를 위한 교육 내용과 학업 이수 능력 함양의 필수 도구가 되는 한국어 교육 내용을 확정하여 교재로 구현하게 된 것입니다.

　이 교재는 몇 가지 점에서 특별한 의미를 가지고 있습니다. 우선 체제 면에서 획기적인 시도를 꾀하였습니다. 이미 학습자 중심의 자율 선택형 모듈화 교육이 전 세계적으로 주목받으며 새로운 교육 방법으로 자리 잡아 가고 있는 데에 발맞추어, 학습자와 교육 현장의 개별성에 맞게 활용할 수 있는 확장성과 활용성을 높인 '개별 교육 현장 적합형 모듈 교재'로 만들어 낸 것입니다.

　또한 이 교재는 학령기 청소년 학습자를 대상으로 하는 교재라는 특성에 맞게 디지털 교육 방법론을 적극 수용하였습니다. 모바일 및 인터넷 환경이 충분히 구비된 현실에서 모바일에 익숙한 청소년들의 흥미를 도모하면서 동시에 종이 교재의 일차원적 한계를 극복하여 보다 입체적인 교육이 가능할 수 있도록 구성하였습니다. QR 코드를 적극 활용하여 공간을 초월한 입체적 확장을 꾀하면서 더 많은 정보를 선별적으로 받아들일 수 있도록 하였습니다. 또한 대화를 웹툰 형식의 동영상으로 구성하여 실제성과 재미를 더한 회화 교재 역할을 할 수 있도록 하였습니다.

이 교재는 개정 '한국어(KSL) 교육과정'에서 설정한 '의사소통 한국어'와 '학습 도구 한국어'를 구체화하여 교육 내용으로 구현하였다는 점에서 의미가 있습니다. 이제 앞으로 학령기의 청소년 한국어 학습자들이 이 교재를 좇아 학습함으로써 학교 안팎에서 의사소통하는 데에 필요한 한국어 능력을 단계적으로 익혀갈 수 있게 되었습니다. 또한 단계별 한국어 능력에 맞춘 학습 능력 강화를 돕는 '학습 도구 한국어'의 구체적 구현도 교재를 통해 이루어 냈습니다. 학업 이수에 핵심이 되는 학습 활동과 사고 기능, 학습 기능 등을 한국어 단계에 맞게 설정하여 학습 도구 한국어 교재 내용으로 구현함으로써, 한국어(KSL) 교육에서 학습 도구 한국어란 무엇인가를 교재를 통해 확인할 수 있게 되었습니다.

이렇듯 다문화 배경의 학령기 청소년이 공정하게 경쟁하며 꿈을 펼칠 수 있도록 학교 안에서 준비할 수 있는 기회를 주어야 한다는 인식 위에서 진행된 이번 교재 개발은, 여러 기관과 많은 관계자들의 지원과 노력이 없이는 불가능한 것이었습니다. 우선 이 새롭고 의미 있는 교재가 완성되기까지 지원을 아끼지 않으신 교육부와 국립국어원 관계자 여러분들께 깊이 감사드립니다. 또한 새 시대에 맞는 교재를 만들어 보자는 도전 의식과 책임감을 가지고 밤낮없이 연구하며 이 교재를 개발, 완성해 온 집필진 모두에게 진심에서 우러나오는 감사를 드립니다. 더불어 시대의 흐름과 청소년 학습자 선호도에 맞춘 편집과 그림 및 동영상으로 새 시대 교재의 획을 그어 주신 출판사 마리북스에도 감사의 말씀을 드립니다.

이 교재 집필진 및 관계자와 이 사회 구성원 모두의 지지와 염원이 담긴 본 교재가 다문화 배경을 가진 청소년들이 우리 공동체 속에서 동등하게 살아가며 자신의 꿈을 실현하는 데에 있어 중요한 역할을 할 수 있기를 희망합니다.

2019년 2월
저자 대표 심 혜 령

일러두기

《중고등학생을 위한 표준 한국어》〈의사소통 2〉는 다문화 배경을 가진 청소년 학습자들이 일상생활과 학교생활에서 필요한 초급 수준의 한국어를 학습할 수 있도록 설계되었다. 초급 수준의 한국어 학습자가 꼭 알아야 하는 일상생활과 학교생활을 주제로 다룬 8개 단원으로 구성하였다.

구성

필수 학습(1~6차시)	선택 학습(시수 외)	선택 학습(7~10차시)

꼭 배워요	문화	더 배워요

교재의 각 단원은 크게 '꼭 배워요' 영역과 '더 배워요' 영역으로 구분되어 있다.

'꼭 배워요'는 해당 등급과 주제에서 필수적으로 다루어야 하는 교육 내용으로 구성하였다. '꼭 배워요'는 '어휘를 배워요'와 '문법을 배워요'로 구성된다.

'더 배워요'는 '꼭 배워요'와 연계되어 해당 등급과 주제에서 선택적으로 다룰 수 있는 교육 내용으로 구성하였다. '더 배워요'는 '대화해 봐요'와 '읽고 써 봐요'로 구성된다.

'꼭 배워요'와 '더 배워요' 사이에는 '문화' 영역을 배치하여, 다문화 배경을 가진 청소년 학습자들의 한국 적응 및 학교생활 적응을 돕고자 하였다.

교재 활용 정보

교재 사용의 순서나 방법의 예를 들자면 다음과 같다.

한국어 교과 운영을 위한 시간이 충분히 확보되어 있는 교육 현장의 경우는 〈의사소통〉 교재의 '꼭 배워요', '더 배워요'를 모두 차례대로 사용할 수 있다.

초급 단계에서 충분한 수업 시수 확보가 어려운 교육 현장의 경우라면, '꼭 배워요'를 우선적으로 다룬 뒤 '더 배워요'를 부가적으로 다룰 수 있다.

단원의 구성

단원 도입

- '도입'에서는 단원 전체의 내용을 전망할 수 있도록 하였다.
- 단원의 제목은 '꼭 배워요'에서 제시된 문장 중 단원을 대표할 수 있는 것을 선정하여 제시하였다.
- '도입'에 그려진 '집'은 각 단원에서 구성하고 있는 교육 내용을 시각화한 것이다. 이를 통해 단원의 각 영역에서 무엇을 배우는지 확인할 수 있으며, 단원의 전체 구성 및 각 교육 영역의 성격 또한 파악할 수 있다.

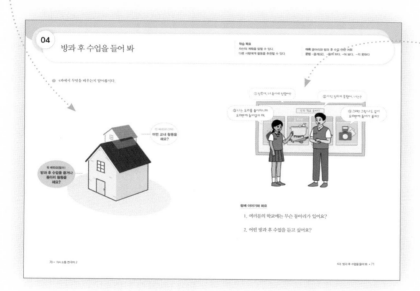

[꼭 배워요] 도입

- 단원의 '꼭 배워요'에서 구현하고자 하는 학습 목표와 어휘, 문법을 구체적으로 제시하였다.
- '꼭 배워요'의 학습을 도입하기 위한 대화문과 삽화를 제시하였다.
- 학습자가 단원의 주제와 목표를 학습하기 위해 필요한 배경지식을 자연스럽게 떠올릴 수 있는 질문을 제시하였다.

[꼭 배워요] 어휘를 배워요

- '한국어 교육과정'에서 제시하고 있는 '의사소통 한국어'의 언어 재료를 중심으로, 국립국어원에서 발간된 연구 보고서인 '한국어 교육 어휘 내용'과 '국제 통용 한국어 표준 교육과정'에서 분류, 제시한 어휘 목록을 참고하여 각 단원의 등급 수준과 주제에 맞는 어휘를 선택하여 구성하였다.
- 제시해야 할 어휘들의 성격에 따라 다양한 방식으로 어휘를 제시하였다.
- 단원의 주제를 중심으로 선정된 주제 적합형 어휘는 삽화를 활용하여 제시하였으며, 해당 등급에서 요구되는 등급 적합형 어휘의 경우 어휘 상자를 배치하여 추가로 제시하였다.

[꼭 배워요] 문법을 배워요

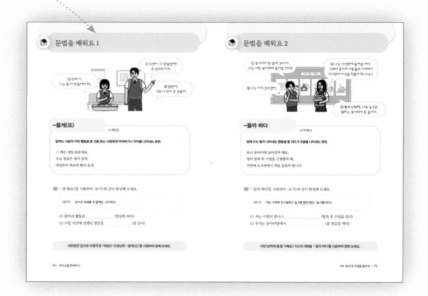

- '한국어 교육과정'에서 제시하고 있는 '의사소통 한국어'의 '학령적합형 교육 문법'을 기본으로, 국립국어원의 '한국어 교육 문법·표현 내용'과 '국제 통용 한국어 표준 교육과정'의 문법 목록을 참고하여 각 단원의 등급 수준과 주제, 기능에 적합한 것을 선택하여 구성하였다.
- 목표 문법이 사용되는 가장 대표적인 장면을 삽화로 제시하여 학습자들이 문법의 정보를 보다 쉽게 이해할 수 있도록 하였다.
- 국립국어원의 '한국어 기초 사전'의 정의를 기본으로 한 설명과 해당 문법의 용법을 가장 잘 보여 주는 용례를 제시하였으며, 문법의 형태 및 결합 정보도 함께 제시하였다.

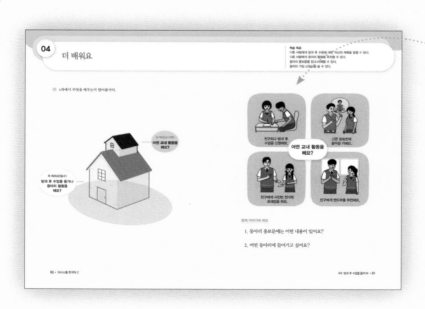

[더 배워요] 도입

- 단원의 '더 배워요'에서 구현하고자 하는 학습 목표를 구체적으로 제시하였다.
- '더 배워요'의 학습을 도입하기 위한 삽화와 주제어, 표현 등을 제시하였다.
- 학습자가 단원의 주제와 목표를 학습하기 위해 필요한 배경지식을 자연스럽게 떠올릴 수 있는 질문을 제시하였다.

[더 배워요] 대화해 봐요

- '대화해 봐요'는 단원의 주제와 목표 문법, 언어 기능, 관련 맥락을 포괄한 문장들로 구성하였다.
- '대화해 봐요'에는 '꼭 배워요'에서 확장된 추가 어휘 및 표현이 등장한다.
- '대화해 봐요'는 말하기와 듣기가 통합된 교육 영역으로 등장인물들이 대화하는 것을 듣고 따라 하며 말하기와 듣기 능력을 모두 향상할 수 있다.

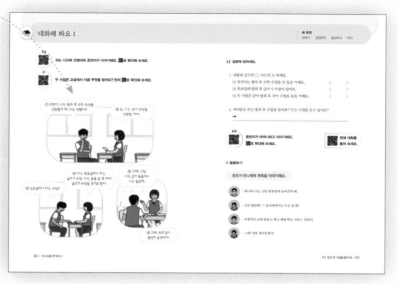

- '대화해 봐요'의 교육 내용은 전, 중, 후로 구성되어 있고, 목표 문형과 표현은 중 단계에 구현되어 있다. 중 단계는 만화로 제시된다.
- 전 단계와 후 단계는 중 단계의 전후 내용인데 듣기 형태로 제시된다. QR 코드를 통해 등장인물들이 대화하는 모습을 동영상으로 감상할 수 있다.
- 등장인물들의 대화를 듣고 내용을 확인하는 문제와 새로 나온 문형과 표현을 연습할 수 있는 말하기 활동이 제시되어 있다.

[더 배워요] 읽고 써 봐요

- '읽고 써 봐요'는 '대화해 봐요'의 장면에서 등장할 수 있는 문자 매체를 선정하여 교육 내용으로 구성하였다.
- '읽기'에서는 해당 장면에서 등장할 수 있는 다양한 종류의 글 중 단원의 주제와 목표에 맞는 것을 선정하여 제시하고 그 글의 이해도를 확인하는 문제들을 함께 제시하였다.
- '쓰기'에서는 앞서 제시된 읽기의 글과 유사한 종류의 글을 모방하여 써 보게 하거나 관련된 활동을 하도록 구성하였다.

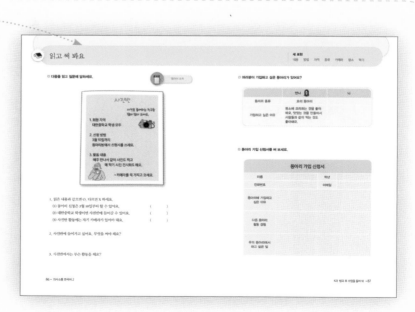

이름: 와니
출신: 필리핀
나이: 14세

이름: 안나
출신: 우즈베키스탄
나이: 14세

이름: 선영
출신: 한국
나이: 14세

이름: 영수
출신: 한국
나이: 14세

이름: 정호
출신: 중국
나이: 14세

이름: 호민
출신: 베트남
나이: 14세

이름: 김하나
출신: 한국
직업: 선생님

이름: 이진영
출신: 한국
직업: 선생님

고등학교 등장인물

이름: 민우
출신: 한국
나이: 17세

이름: 세인
출신: 우즈베키스탄
나이: 17세

이름: 수호
출신: 몽골
나이: 17세

이름: 나나
출신: 중국
나이: 17세

이름: 김지영
출신: 한국
직업: 선생님

이름: 이진수
출신: 한국
직업: 선생님

이름: 소연
출신: 한국
나이: 17세

이름: 유미
출신: 일본
나이: 17세

● 의사소통 한국어 **2**

단원	제목	주제	꼭 배워요(필수)			더 배워요(선택)				
			어휘	문법	기능	대화	부가 문법	읽기	쓰기	문화
1	와니의 생일 파티에 가기로 했어	관계 형성	• 초대 관련 어휘 • 높임 어휘	• –으시– • –네(요) • –기로 하다 • 처럼	• 칭찬하기 • 약속하기	• 다른 사람의 잘한 일이나 좋은 물건에 대해 칭찬하기 • 친구와 주말 약속하기	• –다 • 께서 • –자	모바일 초대장	친구의 생일 파티에 다녀와서 문자 메시지 쓰기	한국의 공공장소 속 예절을 만나다
2	시험 일정을 확인하고 공부 계획을 잘 세우면 돼	시험	• 시험 관련 어휘	• –는 • –으니까 • –고(순서) • –을래(요)	• 조언하기 • 설명하기	• 시험 준비물에 대해 조언하기 • 시험에 대해 설명하기	• –지요 • 못	시험 안내	시험 공부 계획 쓰기	한국의 시험을 엿보다
3	어떤 졸업 선물을 주면 좋아할까?	계절별 학사 일정	• 계절과 계절별 날씨 관련 어휘 • 계절별 학사 일정 관련 어휘	• –기 전에 • –은 후에 • –고 있다 • –을까요?(추측)	• 안내하기 • 의견 교환 하기	• 학교 행사 안내를 이해하기 • 학교 행사에 대한 의견을 서로 교환하기	• –을 거예요(추측) • –읍시다	행사 안내	체험 학습을 다녀온 후에 글쓰기	한국 중고 등학교의 행사를 가 보다
4	방과 후 수업을 들어 봐	교내 활동	• 동아리와 방과 후 수업 관련 어휘	• –을게(요) • –을까 하다 • –어 보다(시도) • –지 못하다	• 계획 표현 하기 • 활동 추천 하기	• 방과 후 수업에 대한 자신의 계획 말하기 • 동아리 활동을 추천하기	• 마다 • 중에서 제일/가장	동아리 소개	동아리 가입 신청서 쓰기	한국 중고 등학교의 교내 활동을 들여다 보다
5	제주도에 가 봤어?	취미 및 여가 활동	• 취미와 여가 관련 어휘	• –어 보다(경험) • –은 적이 있다/없다 • –을 때 • –을 줄 알다/모르다	• 비교하기 • 경험 표현 하기	• 취미 이야기를 하면서 여러 가지 취미들을 비교하기 • 자신의 경험 말하기	• –는 것 • –기 • '르' 불규칙	동호회 소개	추천하고 싶은 취미 활동에 대해 쓰기	한국 중고 등학생의 다양한 취미와 여가 활동을 알아보다

6	추석에 송편을 만들었는데 재미있었어	기념일	• 기념일과 명절 관련 어휘	• –기 때문에 • –는 것 같다 • –는데 • –는지 알다/모르다	• 확인하기 • 추측하기	• 명절에 하는 일에 대해 확인하기 • 기념일 선물에 대한 반응을 추측하기	• 만	개교 기념일 안내	휴일에 한 일 쓰기	한국의 기념일을 알아보다
7	수영 연습을 하려고 시간이 날 때마다 수영장에 가요	장래 희망	• 직업과 장래 희망 관련 어휘	• –게 되다 • –으려고 • –거나 • –어지다	• 희망 표현하기 • 조언 구하기	• 장래 희망을 말하기 • 직업에 대해 조언을 구하기	• –으렴	직업 카드	자신의 직업 카드 만들기	한국의 직업 세계를 만나다
8	축구 하다가 넘어졌어	교내 돌발 상황	• 사건, 사고 관련 어휘	• –다가 • –게 • –어서(순서) • –은 지	• 도움 요청하기 • 사건, 사고 상황 설명하기	• 물건을 분실한 후 도움을 요청하기 • 사건, 사고 상황에 대해 설명하기	• –어 줄래(요) • –는 동안에	보건실 이용 안내	보건실 이용 신청서 쓰기	한국인의 언어와 행동을 만나다

차 례

발간사 —— 5
머리말 —— 6
일러두기 —— 8
등장인물 —— 12

1과 와니의 생일 파티에 가기로 했어 —— 16
2과 시험 일정을 확인하고 공부 계획을 잘 세우면 돼 —— 34
3과 어떤 졸업 선물을 주면 좋아할까? —— 52
4과 방과 후 수업을 들어 봐 —— 70
5과 제주도에 가 봤어? —— 88
6과 추석에 송편을 만들었는데 재미있었어 —— 106
7과 수영 연습을 하려고 시간이 날 때마다 수영장에 가요 —— 124
8과 축구하다가 넘어졌어 —— 142

대화 지문 —— 160
정답 —— 164
어휘 색인 —— 168
문법 색인 —— 174

01

와니의 생일 파티에 가기로 했어

● 1과에서 무엇을 배우는지 알아봅시다.

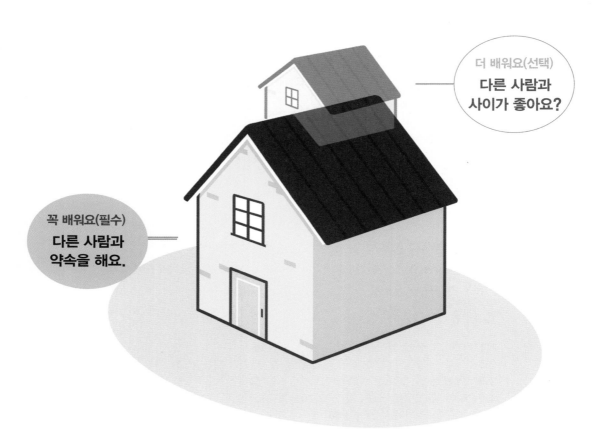

더 배워요(선택)
다른 사람과 사이가 좋아요?

꼭 배워요(필수)
다른 사람과 약속을 해요.

함께 이야기해 봐요

1. 이번 주에 친구하고 약속이 있어요? 무슨 약속이에요?

2. 친구가 노래를 잘해요. 친구에게 어떻게 말해 줘요?

● 친구를 사귀어요. 그리고 함께 뭘 해요?

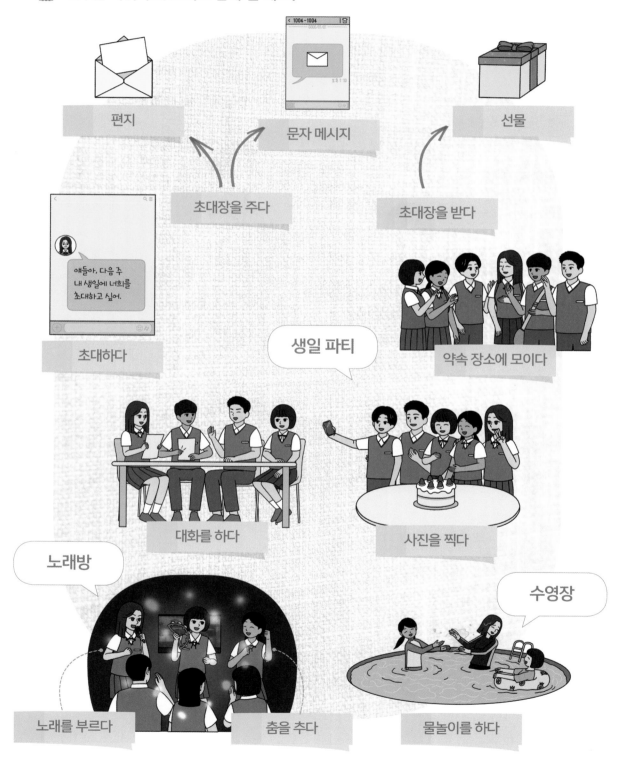

편지

문자 메시지

선물

초대장을 주다

초대장을 받다

애들아, 다음 주 내 생일에 너희를 초대하고 싶어.

초대하다

생일 파티

약속 장소에 모이다

대화를 하다

사진을 찍다

노래방

수영장

노래를 부르다

춤을 추다

물놀이를 하다

발음

문자[문짜]   물놀이[물로리]   약속[약쏙]   잡수시다[잡쑤시다]
찍다[찍따]   초대장[초대짱]   축하[추카]   편찮으시다[편차느시다]

⬤ 어른께 말할 때는 높임말을 써요.

말씀, 생신, 성함, 연세,

진지, 께,

아나운서, 선수, 문제,

막히다, 어울리다

문법을 배워요 1

① 정호야, 이 문제 좀 설명해 줘. 너무 어려워.

③ 그래.

② 음, 나도 잘 모르겠어. 선생님 오시면 여쭤볼까?

-으시-

-시-

어떤 동작이나 상태의 주체를 높이는 뜻을 나타내는 어미.

이분은 와니의 선생님이세요.

할아버지는 신문을 보십니다.

선생님은 새 구두를 신으셨어요.

● '-으시-'를 사용하여 〈보기〉와 같이 완성해 보세요.

〈보기〉　　선생님은 과학실에 <u>가셨어요</u>. (가다)

(1) 어머니는 거실에서 책을 _____ . (읽다)

(2) 아버지는 호민이한테 수학 문제를 _____ . (가르쳐 주다)

여러분의 선생님은 학교에서 보통 무엇을 하세요? '-으시-'를 사용하여 말해 보세요.

문법을 배워요 2

① 어, 우리 담임 선생님은 안 계시네요.

② 응. 점심 드시러 가셨어.

③ 그럼 나중에 다시 오겠습니다.

–네(요)

말하는 사람이 직접 경험하여 새롭게 알게 된 사실에 대해 감탄함을 나타낼 때 쓰는 표현.

오늘은 길이 많이 막히네.
유미는 그림도 잘 그리네.
놀이공원에 사람이 정말 많네요.

● '–네(요)'를 사용하여 〈보기〉와 같이 완성해 보세요.

〈보기〉　수호는 모자가 잘 어울리네. (잘 어울리다)

(1) 나나는 춤을 정말 _____ . (잘 추다)
(2) 세인이는 친구들한테 아주 _____ . (친절하다)

친구들이 무엇을 잘해요? '–네(요)'를 사용하여 친구에게 말해 보세요.

① 안나야, 너 집에 안 가?

② 오늘 와니의 생일 파티에 가기로 했어. 너는 안 가?

③ 아, 맞다. 오늘 와니의 생일이네.

−기로 하다

앞의 말이 나타내는 행동을 할 것을 결심하거나 약속함을 나타내는 표현.

와니하고 같이 점심을 먹기로 했어.

오늘 학교 끝나면 정호 집에서 놀기로 했어.

주말에 친구들하고 도서관에서 만나기로 했어.

● '−기로 하다'를 사용하여 〈보기〉와 같이 이야기해 보세요.

〈보기〉
가: 영수야, 주말에 친구들하고 뭘 하기로 했어? (뭘 하다)
나: 농구를 하기로 했어. (농구를 하다)

(1) 어디에 가다, 노래방에 가다

(2) 언제 모이다, 2시에 모이다

여러분은 방학에 누구하고 뭘 할 거예요? '−기로 하다'를 사용하여 말해 보세요.

문법을 배워요 4

① 나나야, 생일 축하해. 이 케이크 내가 만들었어. 어때?

② 와, 빵집 케이크처럼 예쁘네.

③ 그렇지? 맛도 괜찮아.

처럼

모양이나 정도가 서로 비슷하거나 같음을 나타내는 조사.

유미와 나는 가족처럼 자주 만나요.
나는 가수처럼 노래를 잘 부르고 싶어.
민우는 선생님처럼 수학 문제를 잘 가르쳐 줘요.

● '처럼'을 사용하여 〈보기〉와 같이 완성해 보세요.

> 〈보기〉 세인이는 <u>아나운서처럼 말을 잘해요</u>. (아나운서, 말을 잘하다)

(1) 수호는 _____ . (축구 선수, 축구를 잘하다)
(2) 소연이는 _____ . (언니, 친구들을 잘 도와주다)

여러분의 친구는 무엇을 잘해요? 여러분도 그것을 잘하고 싶어요? '처럼'을 사용하여 말해 보세요.

한국의 공공장소 속 예절을 만나다

¤ 공공장소에서 이렇게 하지 마세요.

¤ 공공장소에서 이렇게 해야 해요.

다른 나라에는 어떤 공공 예절이 있어요?

01 더 배워요

● 1과에서 무엇을 배우는지 알아봅시다.

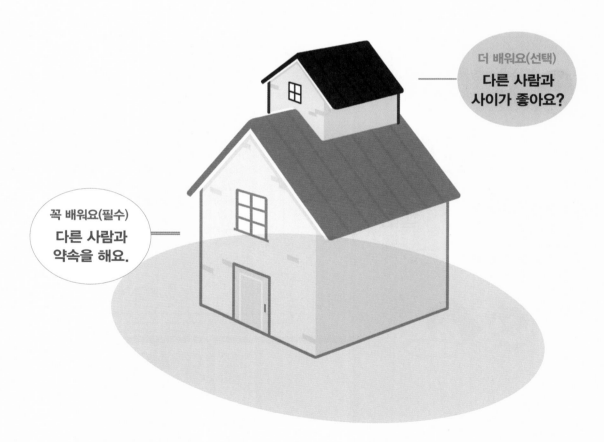

더 배워요(선택)
**다른 사람과
사이가 좋아요?**

꼭 배워요(필수)
**다른 사람과
약속을 해요.**

친구의 집에 가요.

다른 사람과
사이가 좋아요?

친구의 바지를 보고
칭찬해요.

친구하고 같이 문제집을
사러 가기로 했어요.

친구와 같이 공부를 하고 싶어요.

함께 이야기해 봐요

1. 사람들은 언제 초대장을 보내요?

2. 친구에게 어떤 문자 메시지를 보내요?

대화해 봐요 1

 정호가 와니의 생일 파티에 갔어요. ▦로 확인해 보세요.

 두 사람은 생일 파티에서 무엇을 할까요? 먼저 ▦로 확인해 보세요.

질문에 답하세요.

1. 내용과 같으면 ○, 다르면 ✕ 하세요.

   (1) 와니가 음식을 준비했어요.   (   )

   (2) 두 사람은 지금 게임을 해요.   (   )

   (3) 와니의 어머니는 요리를 잘하세요.   (   )

2. 여러분은 친구가 집에 오면 같이 무엇을 해요?

   ➡ _____

 생일 파티가 끝나고 무엇을 할까요?
▒로 확인해 보세요.

 전체 대화를 들어 보세요.

▨ **활용하기**

> 안나가 와니에게 칭찬을 해요.

 : 와니야, 바지 새로 샀어? 정말 예쁘다.

 : 정말? 할머니께서 사 주셨어.

 : 너한테 정말 잘 어울려.

 : 그래? 고마워.

대화해 봐요 2

 수호는 이번 주말에 무슨 계획이 있어요? ▨로 확인해 보세요.

 수호와 소연이가 무슨 약속을 해요? 먼저 ▨로 확인해 보세요.

질문에 답하세요.

1. 내용과 같으면 ○, 다르면 ✕ 하세요.

(1) 소연이는 토요일에 서점에 갈 거예요.   (   )

(2) 수호는 수학 문제집을 사고 싶어요.   (   )

(3) 소연이는 수학을 잘해요.   (   )

2. 여러분은 주말에 무슨 약속이 있어요?

➜ _____

 소연이가 수호에게 문제집을 골라 줘요.
🔲로 확인해 보세요.

 전체 대화를 들어 보세요.

 활용하기

 유미가 민우와 같이 공부를 하고 싶어요.

 : 민우야, 오늘 오후에 시간 있어?

: 응. 무슨 일 있어?

: 세인이하고 같이 과학 문제를 풀기로 했어. 같이 공부할 수 있어?

 : 그래, 같이 공부하자.

읽고 써 봐요

¤ **다음을 읽고 질문에 답하세요.**

안내문 모바일 초대장

1. 읽은 내용과 같으면 ○, 다르면 ✕ 하세요.

   (1) 9월 20일은 와니의 생일이에요.　　　　　　(　　　　)

   (2) 와니의 집에서 파티를 해요.　　　　　　　(　　　　)

   (3) 파티에서 게임을 할 거예요.　　　　　　　(　　　　)

2. 와니는 왜 초대장을 보냈어요?

3. 생일 파티에 몇 시까지 가야 해요?

☼ 친구의 생일 파티에 갔어요. 무엇을 했어요? 어땠어요?

무엇을 했어요?	어땠어요?

☼ 여러분이 와니의 생일 파티에 갔어요. 어땠어요? 와니에게 문자 메시지를 써 보세요.

02 시험 일정을 확인하고 공부 계획을 잘 세우면 돼

● 2과에서 무엇을 배우는지 알아봅시다.

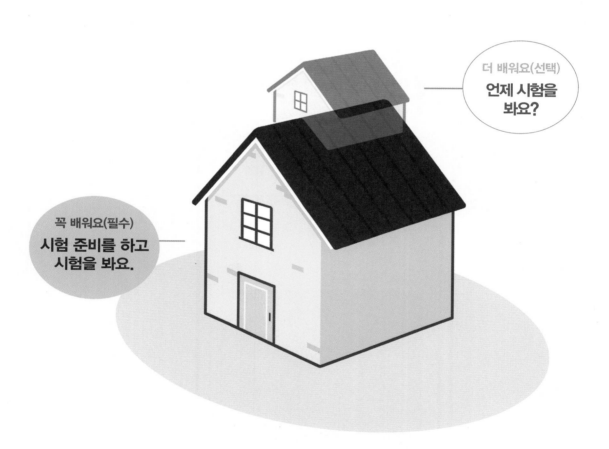

더 배워요(선택)
언제 시험을 봐요?

꼭 배워요(필수)
시험 준비를 하고 시험을 봐요.

함께 이야기해 봐요

1. 학교에서 어떤 시험을 봐요?

2. 시험을 잘 보고 싶어요. 어떻게 해야 해요?

어휘를 배워요

시험을 봐요. 무엇을 알아야 해요? 어떻게 준비해야 해요?

[시험을 보다]

중간고사

기말고사

시험 기간

[시험 일정을 확인하다]

시험 범위

시험 과목

교과서를 복습하다 / 예습하다

단어를 외우다

[시험을 준비하다]

친구에게 물어보다

선생님께 질문하다

🔘 시험 전에 기분이 어때요? 시험 시간에 무엇을 해야 해요? 시험이 끝나면 무엇을 알 수 있어요?

[시험 전]

자신이 있다   긴장하다   걱정하다   자신이 없다

시험공부, 얘기,
홈페이지, 그냥, 열심히,
함께, 그만하다, 세우다,
확인하다, 덥다, 두껍다, 춥다

[시험 시간]

시험지   답안지   문제를 풀다   정답을 고르다

[시험 후]

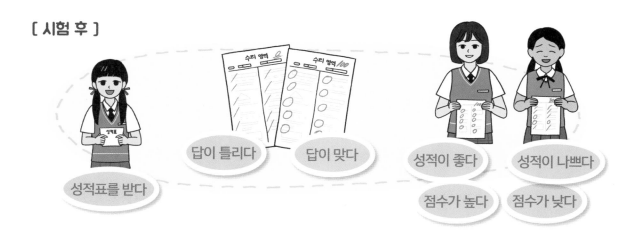

성적표를 받다   답이 틀리다   답이 맞다   성적이 좋다   성적이 나쁘다   점수가 높다   점수가 낮다

문법을 배워요 1

① 소연아, 너는 제일 잘하는 과목이 뭐야?

② 음, 나는 과학을 제일 잘해.

③ 그래? 난 과학이 제일 자신 없어. 좀 가르쳐 줄래?

④ 그래, 알겠어.

-는

-은, -ㄴ

앞의 말이 관형어의 기능을 하게 만들고 사건이나 동작이 현재 일어남을 나타내는 어미.

가장 좋아하는 계절이 뭐예요?

나는 시원한 음료수를 마실래.

많은 학생들이 시험 시간에 긴장을 해요.

● '-는'을 사용하여 〈보기〉와 같이 완성해 보세요.

> 〈보기〉　재미있는 책을 읽어요. (재미있다)

(1) ＿＿＿＿＿＿ 수학 문제를 풀었어요. (어렵다)

(2) ＿＿＿＿＿＿ 운동화를 사고 싶어요. (편하다)

여러분은 어떤 일을 좋아해요? 어떤 물건을 좋아해요? '-는'을 사용하여 말해 보세요.

문법을 배워요 2

① 나 이번 시험 잘 못 봤어. 어떡하지?

② 괜찮아. 기말고사가 있으니까 그때 잘 보면 돼.

③ 그래, 그때는 꼭 열심히 할거야.

④ 자, 이제 시험 얘기 그만하고 떡볶이 먹으러 가자.

-으니까

-니까

뒤에 오는 말에 대하여 앞에 오는 말이 원인이나 근거, 전제가 됨을 강조하여 나타내는 연결 어미.

더우니까 창문 좀 열어 주세요.
오늘은 토요일이니까 학교에 안 가요.
친구들과 함께 노래를 부르니까 기분이 좋아요.

● '-으니까'를 사용하여 〈보기〉와 같이 완성해 보세요.

〈보기〉   내일 시험을 보니까 열심히 공부해야 해요. (내일 시험을 보다)

(1) _____ 우산을 가져가세요. (비가 오다)
(2) _____ 두꺼운 옷을 입어야 해요. (날씨가 춥다)

여러분은 무슨 과목을 좋아해요? 왜 그 과목을 좋아해요? '-으니까'를 사용하여 말해 보세요.

문법을 배워요 3

① 2주 후에 시험이야. 걱정이다.

③ 어떻게 준비해야 해?

② 걱정하지 마. 지금부터 준비하면 돼.

④ 먼저 홈페이지에서 시험 일정을 확인하고 공부 계획을 잘 세우면 돼.

-고

앞의 말과 뒤의 말이 차례대로 일어남을 나타내는 연결 어미.

손을 씻고 밥을 먹어요.

숙제를 다 하고 잘 거예요.

시험지를 받고 이름을 써요.

● '-고'를 사용하여 〈보기〉와 같이 완성해 보세요.

〈보기〉 시험을 다 보고 집에 갔어요. (시험을 다 보다)

(1) _____ 답을 쓰세요. (시험지의 질문을 잘 읽다)

(2) _____ 수학 공부를 했어요. (국어 공부를 다 하다)

여러분은 아침에 무엇을 해요? 그리고 무엇을 해요? '-고'를 사용하여 말해 보세요.

문법을 배워요 4

① 나나야, 우리 오늘 같이 시험공부를 할래?

② 그래, 좋아. 어디에서 공부할까?

③ 우리 집에서 하자.

―을래(요)

―ㄹ래(요)

앞으로 어떤 일을 하려고 하는 자신의 의사를 나타내거나 그 일에 대하여 듣는 사람의 의사를 물어봄을 나타내는 표현.

유미야, 오늘 뭐 먹을래?

세인아, 지금 우리하고 농구할래?

저는 오늘 도서관에서 공부할래요.

● '―을래(요)'를 사용하여 〈보기〉와 같이 이야기해 보세요.

〈보기〉
가: 수호야, 우리하고 같이 노래방에 갈래? (우리하고 같이 노래방에 가다)
나: 아니. 나는 <u>집에서 쉴래</u>. (집에서 쉬다)

(1) 이 빵도 먹다, 우유만 마시다

(2) 저기에 앉다, 그냥 여기에 있다

여러분은 내일 무엇을 하고 싶어요? '―을래(요)'를 사용하여 말해 보세요.

한국의 시험을 엿보다

¤ **무슨 시험을 봐요?**

중고등학교에서는 보통 쪽지 시험, 중간고사, 기말고사, 모의고사 등을 봐요. 대학교에 가고 싶은 사람은 '대학 수학 능력 시험'을 봐요.

쪽지 시험은 수업 시간에 배운 내용을 확인하는 시험이에요. 보통 OMR 답안지에 쓰지 않고 종이에 써요.

중간고사는 학기 중간에 보는 시험이고 기말고사는 학기 말에 보는 시험이에요. 그리고 OMR 답안지에 답을 써요.

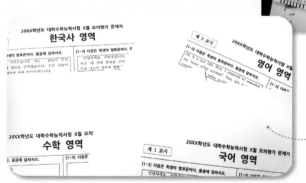

모의고사는 실제 시험의 내용과 방법을 연습해 보는 시험이에요. 보통 '대학 수학 능력 시험'을 연습하는 모의고사를 봐요.

'대학 수학 능력 시험'은 1년에 한 번, 11월에 봐요.

¤ 시험을 봐요. 무엇을 주의해야 해요?

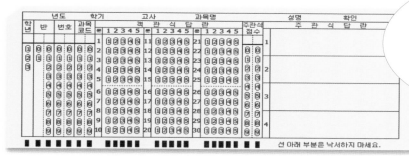

이건 OMR 카드예요. 시험 시간에
여기에 정답을 표시해야 해요.
이 종이에 낙서를 하거나
종이를 찢으면 안 돼요.

시험 시간에 컴퓨터용
사인펜을
준비해야 해요.

이렇게
표시해야 해요.

¤ 중요한 시험이 있어요. 무엇을 선물해요?

요즘에는 포크, 거울 등도 선물해요.
포크, 도끼 – (정답을) 찍다 / 고르다
거울 – (시험을) 잘 보다
휴지 – (문제를) 잘 풀다

보통 찹쌀떡, 엿,
초콜릿 등을 선물해요.

또 무슨 시험이 있어요? 무엇을 준비해야 해요?

02 더 배워요

◉ 2과에서 무엇을 배우는지 알아봅시다.

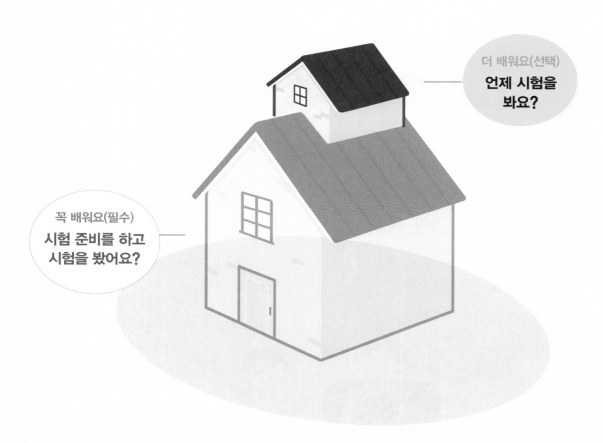

더 배워요(선택)
**언제 시험을
봐요?**

꼭 배워요(필수)
**시험 준비를 하고
시험을 봤어요?**

친구하고 시험 준비물을 사요.

언제 시험을 봐요?

수업 준비에 대해 친구에게 조언해요.

선생님께서 학생들에게 시험을 안내해요.

기말고사 안내
4. 25. ~ 27.

시험 시간에 주의해야 하는 것을 설명해요.

함께 이야기해 봐요

1. 중간고사를 봐요. 언제 봐요? 무엇을 주의해야 해요?

2. 시험공부 계획에 대해 이야기해 봐요.

대화해 봐요 1

 쉬는 시간에 선영이와 정호가 이야기해요. 🔲로 확인해 보세요.

 두 사람은 문구점에서 무엇을 할까요? 먼저 🔲로 확인해 보세요.

① 컴퓨터용 사인펜 여기 있네. 정호야, 너도 컴퓨터용 사인펜 사야 되지?

② 컴퓨터용 사인펜? 그거 꼭 사야 돼?

③ 응. OMR 답안지에는 볼펜으로 쓰면 안 되니까 컴퓨터용 사인펜이 있어야 해.

④ 그래? 그럼 하나 살게.

⑤ 혹시 모르니까 몇 개 더 사. 그리고 연습장도 많이 필요하니까 몇 권 살래?

⑥ 그래, 알겠어.

질문에 답하세요.

1. 내용과 같으면 ○, 다르면 ✕ 하세요.

   (1) 정호는 연습장을 살 거예요.   (   )

   (2) 이 문구점에는 컴퓨터용 사인펜이 없어요.   (   )

   (3) 정호는 컴퓨터용 사인펜이 필요하지 않아요.   (   )

2. 여러분은 문구점에서 무엇을 사요?

   ➡ _____

 문구점에서 물건을 사고 집에 가요.
🔲로 확인해 보세요.

 전체 대화를 들어 보세요.

🔳 활용하기

안나가 호민이에게 조언을 해요.

 : 호민아, 너도 영어 사전 있지?

 : 영어 사전? 그거 꼭 있어야 돼?

 : 응. 영어 수업 시간에 사전으로 영어 단어를 찾는 연습을 하니까 가지고 와야 해.

 : 그래? 그럼 옆 반 친구한테 빌릴게.

대화해 봐요 2

선생님이 무슨 이야기를 해요? 📷로 확인해 보세요.

수호는 선생님께 무엇을 질문해요? 먼저 📷로 확인해 보세요.

|| 질문에 답하세요.

1. 내용과 같으면 ○, 다르면 ✕ 하세요.

   (1) 이 학교의 학생들은 다음 주에 시험을 봐요.   (   )

   (2) 시험 문제를 다 풀고 자기 자기에서 기다려야 해요.   (   )

   (3) 답안지를 내면 시험 시간에 다른 공부를 할 수 있어요. (   )

2. 시험 시간에 무엇을 하면 안 돼요? 무엇을 해야 해요?

   ➡ _____

 소연과 수호가 시험을 봤어요.
🔲로 확인해 보세요.

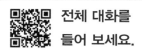 전체 대화를
들어 보세요.

▨ 활용하기

민우가 나나에게 설명을 해요.

 : 민우야, 시험 시간에 선생님께 질문이 있으면 어떻게 해야 해?

 : 손을 들고 선생님을 기다려야 해.

 : 그럼 문제를 다 풀고 먼저 밖에 나가도 돼?

 : 아니. 아직 시험을 보는 친구들이 있으니까 그러면 안 돼.

읽고 써 봐요

¤ **다음을 읽고 질문에 답하세요**

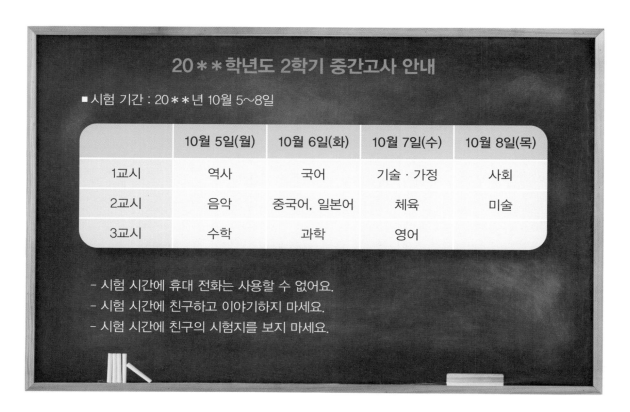

20＊＊학년도 2학기 중간고사 안내

■ 시험 기간 : 20＊＊년 10월 5~8일

	10월 5일(월)	10월 6일(화)	10월 7일(수)	10월 8일(목)
1교시	역사	국어	기술 · 가정	사회
2교시	음악	중국어, 일본어	체육	미술
3교시	수학	과학	영어	

– 시험 시간에 휴대 전화는 사용할 수 없어요.
– 시험 시간에 친구하고 이야기하지 마세요.
– 시험 시간에 친구의 시험지를 보지 마세요.

1. 읽은 내용과 같으면 ○, 다르면 ✕ 하세요.

   (1) 역사와 음악은 월요일에 시험을 봐요.   (   )

   (2) 수요일 3교시에 과학 시험을 봐요.   (   )

   (3) 미술 시험을 마지막에 봐요.   (   )

2. 시험을 며칠 동안 봐요?

3. 시험 시간에 무엇을 하면 안 돼요?

¤ 와니는 자신 있는 과목과 자신 없는 과목이 있어요.

여러분은 자신 있는 과목과 자신 없는 과목이 뭐예요? 그 과목을 쓰고 이유를 말해 보세요.

〈와니의 생각〉

		과목명	이유
	자신 있다	수학	수업 시간에 열심히 공부했으니까 자신이 있어요.
	자신 없다	국어	항상 시험 점수가 낮으니까 자신이 없어요.

〈나의 생각〉

		과목명	이유
☺	자신 있다		
☹	자신 없다		

¤ 시험을 잘 보고 싶어요. 어떻게 준비해야 해요? 자신의 생각을 써 보세요.

1. 매일 예습, 복습을 열심히 해요.

2.

3.

4.

5.

03 어떤 졸업 선물을 주면 좋아할까?

● 3과에서 무엇을 배우는지 알아봅시다.

더 배워요(선택)
**학교 행사에서
무엇을 해요?**

꼭 배워요(필수)
**학사 일정을
알아요?**

학습 목표
학교 행사에 대해 알려 줄 수 있다.
자신의 의견을 서로 이야기할 수 있다.

어휘 계절과 계절별 날씨 관련 어휘
      계절별 학사 일정 관련 어휘
문법 −기 전에, −은 후에, −고 있다, −을까(요)

함께 이야기해 봐요

1. 한국에는 사계절이 있어요. 날씨가 어때요?

2. 봄, 여름, 가을, 겨울에 학교에서 무슨 행사를 해요?

어휘를 배워요

● 봄과 여름에 학교에서 무슨 행사를 해요?

봄 - 따뜻하다

입학식

체험학습

도시락

동물원

미술관

여름 - 덥다

방학식

방학 숙제

발음

동물원[동무뤈]   따뜻하다[따뜨타다]   방학식[방학씩]   숙제[숙쩨]   입학식[이팍씩]
졸업생[조럽쌩]   졸업식[조럽씩]   축제[축쩨]   춥다[춥따]   꽃다발[꼳따발]   학습[학씁]

● **가을과 겨울에 학교에서 무슨 행사를 해요?**

간식, 놀이 기구, 놀이공원,
달리기, 양치질, 연습,
이어달리기, 졸업, 물론,
개학하다, 시작되다

가을 - 시원하다, 선선하다, 쌀쌀하다

학교 축제

체육 대회

겨울 - 춥다

졸업식

졸업생

꽃다발

문법을 배워요 1

① 우리 중간고사 끝나면 놀러 갈까?

② 그래. 봄이 다 지나기 전에 놀러 가자.

③ 놀이공원으로 갈까? 꽃도 구경하고 놀이 기구도 타고.

④ 좋아. 재미있겠다.

-기 전에

뒤에 오는 말의 행동이 앞에 오는 말의 행동보다 앞서는 것을 나타내는 표현.

밥을 먹기 전에 손을 씻어요.

밤에 자기 전에 양치질을 해요.

개학하기 전에 방학 숙제를 다 해야 해요.

● '-기 전에'를 사용하여 〈보기〉와 같이 이야기해 보세요.

〈보기〉
가: 학원에 가기 전에 뭘 해요? (학원에 가다)
나: 학원에 가기 전에 간식을 먹어요. (간식을 먹다)

(1) 청소를 하다, 창문을 열다

(2) 친구하고 놀다, 숙제를 하다

오늘 아침에 뭘 했어요? 그리고 학교에 왔어요? '-기 전에'를 사용하여 말해 보세요.

문법을 배워요 2

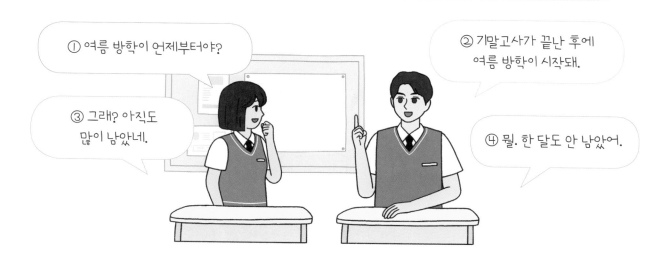

① 여름 방학이 언제부터야?

② 기말고사가 끝난 후에 여름 방학이 시작돼.

③ 그래? 아직도 많이 남았네.

④ 뭘. 한 달도 안 남았어.

-은 후에

-ㄴ 후에

앞에 오는 말의 행동을 먼저 하고 뒤에 오는 다른 행동을 다음에 함을 나타내는 표현.

밥을 먹은 후에 이를 닦아요.

수업이 끝난 후에 학원에 가요.

방학 숙제를 한 후에 친구를 만나요.

● '-은 후에'를 사용하여 〈보기〉와 같이 이야기해 보세요.

〈보기〉	가: 내일 학원이 끝난 후에 뭘 할 거야? (학원이 끝나다)
	나: 학원이 끝난 후에 친구하고 농구하기로 했어. (친구하고 농구하다)

(1) 공부를 하다, 동생하고 놀다

(2) 영화를 보다, 도서관에 가다

수업이 끝나면 뭘 할 거예요? '-은 후에'를 사용하여 말해 보세요.

문법을 배워요 3

① 이어달리기 경기 끝났어?

② 아니. 곧 시작할 거야.

③ 우리 반 선수는 누구야?

④ 정호하고 호민이야. 저쪽에서 준비하고 있어.

-고 있다

앞의 말이 나타내는 행동이 계속 진행됨을 나타내는 표현.

지금 음악을 듣고 있어요.
버스를 기다리고 있어.
요즘 달리기 연습을 하고 있어.

● '-고 있다'를 사용하여 〈보기〉와 같이 완성해 보세요.

〈보기〉　와니가 도서관에서 <u>책을 읽고 있어요</u>. (책을 읽다)

(1) 영수가 집에서 _____. (그림을 그리다)
(2) 안나가 방에서 _____. (옷을 갈아입다)

친구들이 지금 뭘 해요? '-고 있다'를 사용하여 말해 보세요.

문법을 배워요 4

① 내일 동생 졸업식이야.
어떤 졸업 선물을 주면 좋아할까?

② 꽃다발이 어때?

③ 꽃다발은 물론 살 거야.
그런데 다른 선물도 주고 싶어.

④ 그럼 동생한테
물어보고 사.

-을까(요)

-ㄹ까(요)

아직 일어나지 않았거나 모르는 일에 대해서 말하는 사람이 추측하며 질문할 때 쓰는 표현.

나나가 이 음식을 잘 먹을까?
사람들이 졸업식에 많이 올까?
이 옷이 저한테 어울릴까요?

● '-을까(요)'를 사용하여 〈보기〉와 같이 완성해 보세요.

> 〈보기〉   이 영화가 <u>재미있을까요</u>? (재미있다)

(1) 지금 서울에 _____? (비가 오다)
(2) 세인이는 어떤 _____? (책을 읽다)

내일 날씨에 대해 '-을까(요)'를 사용하여 질문해 보세요.

한국 중고등학교의 행사를 가 보다

☼ **봄에 입학식을 해요.**

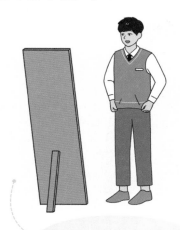

교복을 준비합니다.

예비 소집에 갑니다. 선생님께
입학식 안내를 듣습니다.

입학식 전에 교과서를 받습니다.

입학식에서 가족과
사진을 찍습니다.

가족에게서 입학 축하 선물과
꽃다발을 받습니다.

¤ 겨울에 졸업식을 해요.

졸업을 하기 전에 친구들과
졸업 사진을 찍습니다.

친구들과 찍은 사진으로
졸업 앨범을 만듭니다.

졸업식에서 가족과
사진을 찍습니다.

가족에게서 졸업 축하 선물과
꽃다발을 받습니다.

후배들이 선배들의 졸업을
축하해 줍니다.

입학식을 한 후에 무엇을 했어요? 졸업하기 전에 꼭 하고 싶은 것이 있어요?

03 더 배워요

● 3과에서 무엇을 배우는지 알아봅시다.

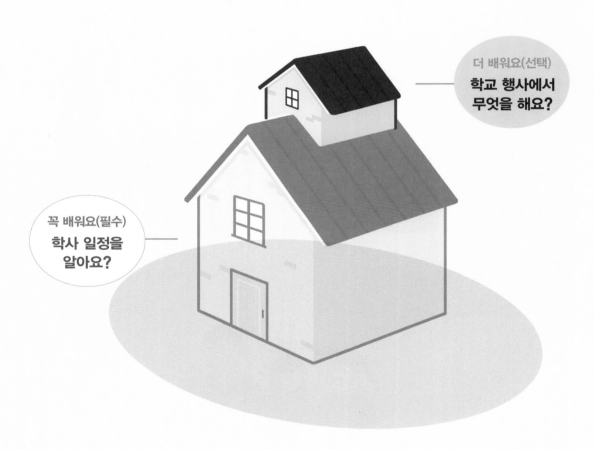

더 배워요(선택)
**학교 행사에서
무엇을 해요?**

꼭 배워요(필수)
**학사 일정을
알아요?**

체험학습을 가기 전에 무엇을 준비해요?

체육 대회에서 무엇을 해요?

학교 행사에서 무엇을 해요?

축제에서 무엇을 해요?

축제를 준비해요.

함께 이야기해 봐요

1. 체험학습을 가기 전에 무엇을 알아야 해요?

2. 체험학습이 끝난 후에 어떤 생각을 했어요?

대화해 봐요 1

 호민이와 와니가 체험학습에 대해서 이야기하고 있어요.
🔲로 확인해 보세요.

 체험학습 안내를 들어요. 먼저 🔲로 확인해 보세요.

① 여러분, 이번 달에 민속촌으로
체험학습을 갈 거예요.
모두 함께 갑시다.

② 와, 좋아요.

③ 봄이지만 좀 더울 거예요.
물과 모자를 준비하세요.

④ 선생님, 체험학습은
몇 시에 끝나요? 끝난 후에
학원에 가야 돼요.

⑤ 아마 3시쯤 끝날 거예요.
신청하기 전에 안내문을
잘 읽으세요.

⑥ 네, 알겠습니다.

▌▌ 질문에 답하세요.

1. 내용과 같으면 ○, 다르면 ✕ 하세요.

   (1) 체험학습은 다음 달에 가요.　　　　　　　　　(　　　　)

   (2) 우리 반은 체험학습으로 민속촌에 가요.　　　(　　　　)

   (3) 체험학습은 오전에 끝나요.　　　　　　　　　(　　　　)

2. 여러분은 어디로 체험학습을 가고 싶어요?

   ➡ _____

  와니는 체험학습에 오기 전에 무엇을 준비했어요? 로 확인해 보세요.

 전체 대화를 들어 보세요.

▨ 활용하기

> **선생님과 안나가 이야기하고 있어요.**

 : 다음 주에 체육 대회가 있어요. 가을이지만 좀 추울 거예요. 두꺼운 옷을 입으세요. 모두 함께 열심히 준비합시다.

 : 선생님, 저는 달리기 대회에 나가고 싶어요. 체육 대회를 하기 전에 신청해야 돼요?

 : 네. 오늘 신청서를 받은 후에 써야 돼요.

대화해 봐요 2

 나나와 민우가 축제에 대해서 이야기를 해요. ▦로 확인해 보세요.

 민우와 나나는 축제 준비를 하고 있어요. 먼저 ▦로 확인해 보세요.

질문에 답하세요.

1. 내용과 같으면 ○, 다르면 ✕ 하세요.
   (1) 민우는 요즘 기타 학원에 다녀요. 　　　　　　　(　　　　)
   (2) 두 사람은 축제에서 기타 연주를 할 거예요. 　　(　　　　)
   (3) 나나는 기타를 못 쳐요. 　　　　　　　　　　　(　　　　)

2. 여러분은 학교 축제에서 무엇을 하고 싶어요?

   ➜ ＿＿＿＿＿＿＿＿＿＿＿＿＿＿＿＿＿＿＿＿＿＿＿＿＿＿

 민우와 나나는 축제에서 기타 연주를 잘 했을까요?
　▦로 확인해 보세요.

 전체 대화를
들어 보세요.

활용하기

소연이와 수호가 의논하고 있어요.

 : 수호야, 너는 축제에서 뭘 하고 싶어?

 : 글쎄, 뭘 하면 재미있을까?

 : 나는 요즘 공부를 다 한 후에 노래를 연습하고 있어.

 : 그래? 그럼 우리 같이 노래 부르자.

읽고 써 봐요

¤ **다음을 읽고 질문에 답하세요.**

안내문 행사 안내

〈체험학습 안내〉

	1반, 3반, 5반	2반, 4반, 6반
날짜	5월 11일 금요일	
출발 시간 / 장소	오전 9시 / 학교 운동장	
학교 도착 시간	오후 3시 30분	
가는 방법	버스, 지하철	
장소	용인 민속촌	경복궁
준비물	식비 10,000원 교통비 3,000원 모자, 물, 간식	식비 10,000원 교통비 5,000원 모자, 물, 간식

* 학생들은 출발하기 전에 안전 교육을 받습니다.

* 출발 시간 약속을 지켜야 합니다.

* 출발한 후에 담임 선생님 말씀을 잘 들어야 합니다.

1. 읽은 내용과 같으면 ○, 다르면 ✕ 하세요.

   (1) 체험학습에 담임 선생님하고 같이 가요.　　　　　(　　　　)

   (2) 지하철로 체험학습 장소에 갈 수 있어요.　　　　　(　　　　)

   (3) 교통비는 모든 반이 똑같이 내요.　　　　　　　　(　　　　)

2. 체험학습을 하기 전에 무엇을 해야 해요?

3. 언제 체험학습을 가요?

✡ 여러분은 체험학습을 어디로 갔어요? 〈보기〉와 같이 체험학습 날짜와 장소를 써 보세요.

〈보기〉	
이름	김안나
학년 반	2학년 3반
날짜	5월 11일 금요일
장소	용인 민속촌

✡ 체험학습을 다녀왔어요. 어땠어요? 써 보세요.

제목

04 방과 후 수업을 들어 봐

● 4과에서 무엇을 배우는지 알아봅시다.

더 배워요(선택)
**어떤 교내 활동을
해요?**

꼭 배워요(필수)
**방과 후 수업을 듣거나
동아리 활동을
해요?**

함께 이야기해 봐요

1. 여러분의 학교에는 무슨 동아리가 있어요?

2. 어떤 방과 후 수업을 듣고 싶어요?

어휘를 배워요

● 여러분 학교에는 무슨 동아리가 있어요? 동아리에서 무엇을 해요?

공부 관련 동아리

신문 방송반

독서반

외국어 공부반

취미 활동 동아리

밴드부

사진반

합창부

● 방과 후 수업을 해요. 어떻게 신청해요?

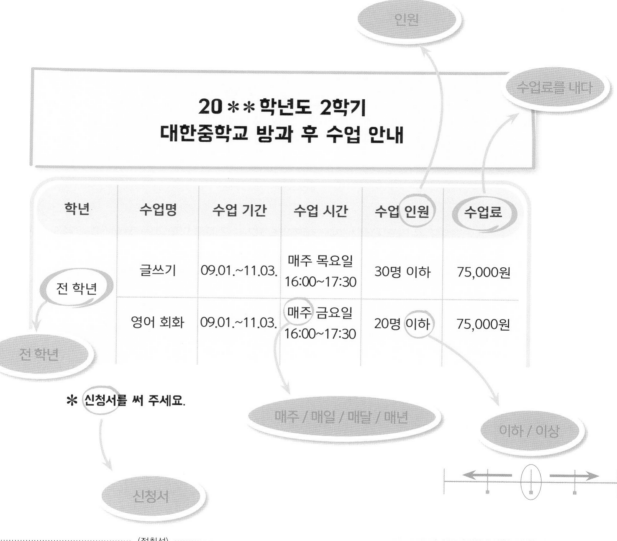

20**학년도 2학기
대한중학교 방과 후 수업 안내

학년	수업명	수업 기간	수업 시간	수업 인원	수업료
전 학년	글쓰기	09.01.~11.03.	매주 목요일 16:00~17:30	30명 이하	75,000원
	영어 회화	09.01.~11.03.	매주 금요일 16:00~17:30	20명 이하	75,000원

인원

수업료를 내다

전 학년

전 학년

매주 / 매일 / 매달 / 매년

이하 / 이상

✻ 신청서를 써 주세요.

신청서

방과 후 수업 신청서			
신청 수업명			
학생 성명		학년 / 반 / 번호	
학생 연락처		부모님 연락처	

(절취선)

그때, 도움, 때, 식당,
여기저기, 표, 빨리, 한번,
다니다, 들어가다, 모르다,
선택하다, 원하다

문법을 배워요 1

① 소연아, 다 만들었지?
손 씻으러 가자.

② 먼저 가.
나는 좀 더 만들어야 해.

③ 알았어.
그럼 나 먼저 손 씻을게.

—을게(요)

—ㄹ게(요)

말하는 사람이 어떤 행동을 할 것을 듣는 사람에게 약속하거나 의지를 나타내는 표현.

그 책은 내일 읽을게요.

오늘 점심은 내가 살게.

내일부터 학교에 빨리 올게.

● '—을게(요)'를 사용하여 〈보기〉와 같이 완성해 보세요.

> 〈보기〉   앞으로 숙제를 꼭 <u>할게요</u>. (꼭 하다)

(1) 동아리 활동을 _____ . (열심히 하다)

(2) 수업 시간에 선생님 말씀을 _____ . (잘 듣다)

여러분은 앞으로 어떻게 할 거예요? 선생님께 '—을게(요)'를 사용하여 말해 보세요.

문법을 배워요 2

① 동아리가 참 많네. 안나야, 너는 어떤 동아리에 들어갈 거야?

② 나는 사진반에 들어갈 거야. 그래서 동아리 사람들과 여기저기 다니면서 사진을 찍을까 해. 너는?

③ 나는 아직 모르겠어.

④ 빨리 선택해. 너무 늦으면 원하는 동아리에 못 들어가.

─을까 하다

─ㄹ까 하다

앞에 오는 말이 나타내는 행동을 할 의도가 있음을 나타내는 표현.

요리 동아리에 들어갈까 해요.

영어 방과 후 수업을 신청할까 해.

주말에 도서관에서 책을 읽을까 합니다.

● '─을까 하다'를 사용하여 〈보기〉와 같이 완성해 보세요.

〈보기〉 저는 오후에 친구들하고 <u>농구를 할까 해요</u>. (농구를 하다)

(1) 저는 수업이 끝나고 _____ . (방과 후 수업을 듣다)
(2) 우리는 동아리방에서 _____ . (춤 연습을 하다)

이번 방학에 뭘 할 거예요? 자신의 계획을 '─을까 하다'를 사용하여 말해 보세요.

문법을 배워요 3

① 아, 영어는 너무 어려워. 학원에 다녀 볼까?

② 방과 후 영어 회화 수업을 들어 봐. 재미있어.

③ 방과 후 수업이 정말 도움이 됐어?

④ 응. 나는 도움이 됐어.

–어 보다

–아 보다, –여 보다

앞의 말이 나타내는 행동을 시험 삼아 함을 나타내는 표현.

이 옷을 한번 입어 보세요.

오늘은 저 식당에 한번 가 봅시다.

이번에 너도 방과 후 수업을 한번 신청해 봐.

● '–어 보다'를 사용하여 〈보기〉와 같이 이야기해 보세요.

〈보기〉
가: 우리 기타를 배워 볼까? (기타를 배우다)
나: 그래. 배워 보자. (배우다)

(1) 오늘 이걸 먹다, 이걸 먹다

(2) 합창부에 들어가다, 같이 하다

여러분은 무엇을 한번 하고 싶어요? '–어 보다'를 사용하여 말해 보세요.

문법을 배워요 4

① 어떡해. 방과 후 수업 신청 기간이 지나서 컴퓨터 수업을 신청하지 못했어.

② 괜찮아. 방학 때도 방과 후 컴퓨터 수업이 있어. 그때 들으면 돼.

③ 그래? 다행이다. 그때는 꼭 신청할 거야.

④ 나도 들을 거니까 같이 신청하자.

−지 못하다

앞의 말이 나타내는 행동을 할 능력이 없거나 주어의 의지대로 되지 않음을 나타내는 표현.

아직 숙제를 다 하지 못했어요.
다리를 다쳐서 잘 걷지 못해요.
점심을 먹지 못해서 배가 고파요.

● '−지 못하다'를 사용하여 〈보기〉와 같이 완성해 보세요.

〈보기〉 요즘 시간이 없어서 여행을 가지 못해요. (여행을 가다)

(1) 오늘 숙제가 많아서 _____. (친구를 만나다)
(2) 표가 없어서 영화관에서 _____. (영화를 보다)

여러분은 요즘 무엇을 못 해요? '−지 못하다'를 사용하여 말해 보세요.

한국 중고등학교의 교내 활동을 들여다보다

¤ 학교에서 어떤 활동을 해요?

학교 신문을 만들어서
우리 반 소식을 전하거나 학생들이
알아야 하는 사회, 문화 등의
내용을 설명해요.

우리 학교 학생들이 쓴
시, 소설, 수필 등의 글을 모아서
책을 만들어요.
이런 책을 학교 문집이라고 해요.

전시회를 해서
친구들이 동아리나 방과 후
수업에서 만든 작품을 전시해요.

동아리 발표회

○○고등학교 축제

동아리 활동을 하면서 연습한 것을 동아리 발표회나 축제에서 친구들과 선생님, 가족들에게 보여 줘요.

우리 학교 동아리 활동

동아리 활동을 하면 선배와 후배들을 만날 수 있어요. 그리고 다양한 경험을 하고 여러 가지를 배울 수 있어요.

여러분의 학교에서는 또 어떤 활동을 할 수 있어요?

더 배워요

◯ 4과에서 무엇을 배우는지 알아봅시다.

더 배워요(선택)
어떤 교내 활동을 해요?

꼭 배워요(필수)
방과 후 수업을 듣거나 동아리 활동을 해요?

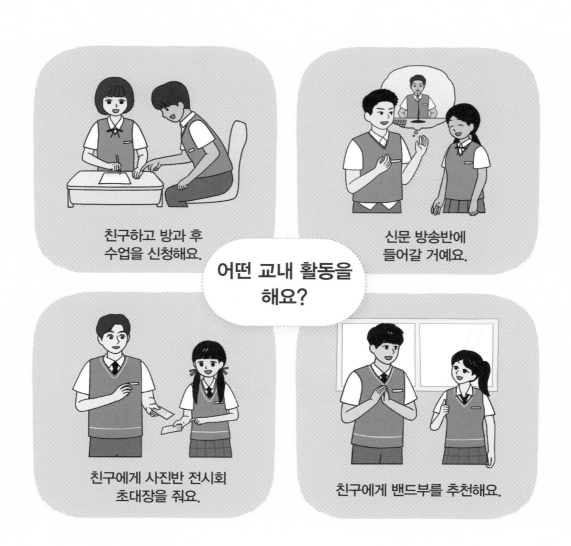

함께 이야기해 봐요

1. 동아리 홍보문에는 어떤 내용이 있어요?

2. 어떤 동아리에 들어가고 싶어요?

대화해 봐요 1

 쉬는 시간에 선영이와 호민이가 이야기해요. ▨로 확인해 보세요.

 두 사람은 교실에서 지금 무엇을 할까요? 먼저 ▨로 확인해 보세요.

① 선영아, 나는 방과 후 수학 수업을 신청할까 해. 너는 정했어?

② 응. 나는 국어 수업을 신청할 거야.

③ 수요일마다 하는 수업?

④ 아니. 목요일마다 하는 글쓰기 수업. 나는 글을 잘 못 써서 글쓰기 수업을 듣기로 했어.

⑤ 그래? 그럼 나도 같이 들을까? 나도 필요해.

⑥ 그래. 우리 같이 열심히 공부하자.

║║ 질문에 답하세요.

1. 내용과 같으면 ○, 다르면 ✕ 하세요.

   (1) 호민이는 방과 후 수학 수업을 안 들을 거예요.　　　　　(　　　)

   (2) 목요일에 방과 후 글쓰기 수업이 있어요.　　　　　　　(　　　)

   (3) 두 사람은 같이 방과 후 국어 수업을 들을 거예요.　　　(　　　)

2. 여러분은 무슨 방과 후 수업을 들어요? 무슨 수업을 듣고 싶어요?

   → _____

  호민이가 어머니하고 이야기해요.
🔲로 확인해 보세요.

 전체 대화를 들어 보세요.

▨ 활용하기

> 정호가 와니에게 계획을 이야기해요.

 : 와니야, 나는 신문 방송반에 들어갈까 해.

 : 신문 방송반? 그 동아리에서는 주로 뭘 해?

 : 아침마다 교내 방송도 하고 매달 학교 신문도 만들어.

 : 그래? 정말 재미있겠다.

대화해 봐요 2

 유미가 세인에게 무엇을 줘요? 🔲로 확인해 보세요.

 유미가 세인에게 동아리를 추천해요. 먼저 🔲로 확인해 보세요.

① 유미야, 요즘 동아리 활동을 열심히 하네. 재미있어?

② 응, 재미있어. 다양한 경험도 하고 친구도 많이 사귈 수 있어.

③ 그래? 너희 동아리에 사람이 많아?

④ 응. 우리 사진반이 동아리들 중에서 가장 회원이 많아.

⑤ 그래? 나도 너희 동아리에 들어가 볼까?

⑥ 그럼 오후에 우리 동아리방에 한번 와 볼래?

⑦ 그래. 이따가 한번 가 볼게.

질문에 답하세요.

1. 내용과 같으면 ○, 다르면 ✕ 하세요.
   (1) 유미는 동아리 활동이 재미있어요.　　　(　　　)
   (2) 유미의 동아리에는 회원이 많아요.　　　(　　　)
   (3) 두 사람은 같은 동아리를 하고 있어요.　(　　　)

2. 동아리 활동을 하면 무엇이 좋을까요?
   ➜
   _____

 세인이는 동아리방에 왔을까요?
로 확인해 보세요.

 전체 대화를 들어 보세요.

▨ **활용하기**

나나가 민우에게 동아리 활동을 추천해요.

 : 나나야, 나도 동아리 활동을 해 볼까? 어떤 동아리가 좋을까?

 : 독서반이나 외국어 공부반은 어때?

 : 나는 조용히 앉아서 하는 동아리보다 활동이 많은 동아리에 들어가고 싶어.

 : 그럼 밴드부에 가 봐. 동아리 중에서 제일 재미있고 활동도 많아.

읽고 써 봐요

¤ **다음을 읽고 질문에 답하세요.**

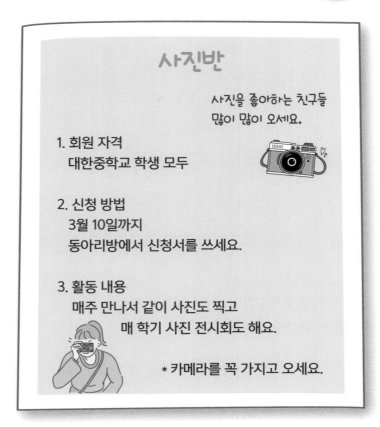

1. 읽은 내용과 같으면 ○, 다르면 ✕ 하세요.

   (1) 동아리 신청은 3월 10일부터 할 수 있어요.　　　　　　　　（　　　　）

   (2) 대한중학교 학생이면 사진반에 들어갈 수 있어요.　　　　　（　　　　）

   (3) 사진반 활동을 하고 싶으면 자기 카메라를 가지고 가야 돼요.　（　　　　）

2. 사진반에 들어가고 싶어요. 무엇을 써야 해요?

3. 사진반에서는 무슨 활동을 해요?

¤ 여러분이 가입하고 싶은 동아리가 있어요?

	안나	나
동아리 종류	요리 동아리	
가입하고 싶은 이유	저는 평소에 요리를 자주 해요. 요리를 하고 가족, 친구들과 같이 먹어요.	

¤ 동아리 가입 신청서를 써 보세요.

동아리 가입 신청서			
이름		학년	
전화번호		이메일	
동아리에 가입하고 싶은 이유			
다른 동아리 활동 경험			
우리 동아리에서 하고 싶은 일			

05 제주도에 가 봤어?

● 5과에서 무엇을 배우는지 알아봅시다.

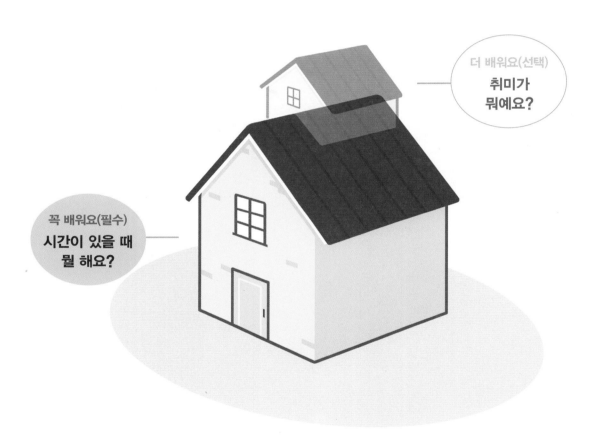

더 배워요(선택)
**취미가
뭐예요?**

꼭 배워요(필수)
**시간이 있을 때
뭘 해요?**

학습 목표
다른 사람에게 자신의 경험을 말할 수 있다.
여러 가지 일을 비교해서 말할 수 있다.

어휘 취미와 여가 관련 어휘
문법 −어 보다, −은 적이 있다/없다, −을 때,
  −을 줄 알다/모르다

함께 이야기해 봐요

1. 여러분은 취미가 뭐예요?

2. 시간이 있으면 뭘 하고 싶어요?

어휘를 배워요

● 주말이나 시간이 있을 때 무엇을 해요?

등산을 하다

야구를 하다

수영을 하다

배드민턴을 치다

스케이트를 타다

기타를 치다

피아노를 치다

낚시를 하다

바이올린을 켜다

독서를 하다

우표를 모으다

만화를 그리다

경기, 밤, 삼계탕, 수저, 아이,
콘서트, 콜라, 태권도, 한복,
해외여행, 혼자, KTX, 가끔,
훨씬, 다르다, 쉽다, 유명하다

문법을 배워요 1

① 호민아, 제주도에 가 봤어?

② 응. 작년에 가족들하고 같이 갔었어. 넌?

③ 난 아직 못 가 봤어. 제주도 여행은 어땠어?

④ 정말 좋았어. 사진으로 보는 것보다 훨씬 아름다웠어. 너도 한번 가 봐.

–어 보다

–아 보다, –여 보다

앞의 말이 나타내는 행동을 이전에 경험했음을 나타내는 표현.

안나야, 한복을 입어 봤어?

나는 작년에 바다에서 수영을 해 봤어.

저는 KTX를 타 봤어요.

● '–어 보다'를 사용하여 〈보기〉와 같이 이야기해 보세요.

〈보기〉	가: 친구들하고 어디에 가 봤어요? (어디에 가다) 나: 놀이공원에 가 봤어요. (놀이공원에 가다)

(1) 뭘 하다, 같이 등산을 하다

(2) 어떤 음식을 만들다, 떡볶이를 만들다

어떤 것을 경험했어요? '–어 보다'를 사용하여 말해 보세요.

문법을 배워요 2

① 민우야, 너 태권도를 배운 적이 있어?

② 응. 초등학교 때부터 중학교 때까지 배웠어.

③ 와, 그럼 태권도를 잘하겠다.

④ 태권도 경기에 나간 적이 있지만 잘하는 건 아니야.

–은 적이 있다/없다

–ㄴ 적이 있다/없다

앞의 말이 나타내는 동작이 일어나거나 그 상태가 나타난 때가 있거나 없음을 나타내는 표현.

유명한 사람과 사진을 찍은 적이 있어?

스케이트를 타 본 적이 없어.

부모님과 같이 중국에 간 적이 있습니다.

● '–은 적이 있다/없다'를 사용하여 〈보기〉와 같이 이야기해 보세요.

〈보기〉
가: 해외여행을 한 적이 있어요? (해외여행을 하다)
나: 네, 한 적이 있어요. / 아니요, 한 적이 없어요. (하다)

(1) 삼계탕을 먹다, 먹다

(2) 콘서트를 보다, 보다

여러분은 놀이공원에 가 봤어요? '–은 적이 있다/없다'를 사용하여 말해 보세요.

문법을 배워요 3

① 호민아, 넌 시간이 있을 때 보통 뭐 해?

② 난 밖에서 활동하는 걸 좋아해. 그래서 시간이 있을 때마다 등산을 해. 넌?

③ 난 밖에 나가는 것보다 집에서 영화를 보는 게 더 좋아.

④ 그래? 나하고 다르네.

-을 때

-ㄹ 때

어떤 행동이나 상황이 일어나는 동안이나 그 시기 또는 그러한 일이 일어난 경우를 나타내는 표현.

빵을 만들 때 뭐가 필요해?
운동할 때 물을 자주 마셔야 해요.
한국 사람들은 밥을 먹을 때 수저를 사용해.

● '-을 때'를 사용하여 〈보기〉와 같이 완성해 보세요.

〈보기〉 기분이 좋을 때 노래를 불러요. (기분이 좋다)

(1) _____ 버스를 타요. (학교에 가다)
(2) _____ 콜라를 마셔요. (피자를 먹다)

여러분은 언제 무엇을 해요? '-을 때'를 사용하여 말해 보세요.

문법을 배워요 4

① 소연아,
너 떡볶이 만들 줄 알아?

② 응. 언니한테 배워서 만들 줄 알아.
가끔 혼자 만들어.

③ 와, 좋겠다.
나도 배우고 싶다.

④ 떡볶이는 다른 요리보다 쉬워.
내가 가르쳐 줄게.

–을 줄 알다/모르다

–ㄹ 줄 알다/모르다

어떤 일을 하는 방법에 대해 알고 있거나 모르고 있음을 나타내는 표현.

아이가 책을 읽을 줄 알아요?
우리 언니는 수영을 할 줄 알아요.
나나는 자전거를 탈 줄 몰라요.

● '–을 줄 알다/모르다'를 사용하여 〈보기〉와 같이 완성해 보세요.

〈보기〉 저는 <u>기타를 칠 줄 알아요</u>. (기타를 치다, 알다)

(1) 저는 _____ . (리코더를 불다, 알다)
(2) 저는 _____ . (낚시를 하다, 모르다)

여러분은 무엇을 할 수 있어요? '–을 줄 알다/모르다'를 사용하여 말해 보세요.

한국 중고등학생의 다양한 취미와 여가 활동을 알아보다

¤ **한국의 중고등학생은 여가 시간에 뭘 할까요?**

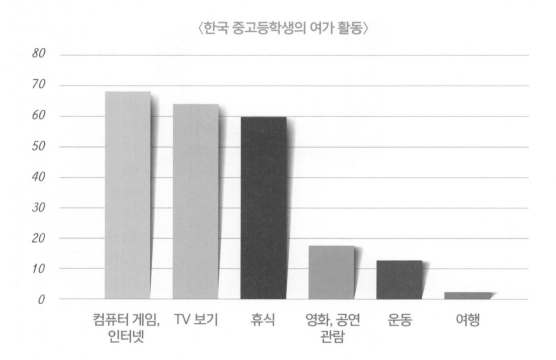

〈한국 중고등학생의 여가 활동〉

한국 중고등학생들은 이렇게 여가 시간을 보내요.
물론 야외 활동이나 문화 활동을 즐기는 친구들도 있어요.

¤ **한국의 중고등학생은 시간이 있으면 무슨 여가 활동을 하고 싶을까요?**

〈시간이 있으면 하고 싶은 여가 활동〉

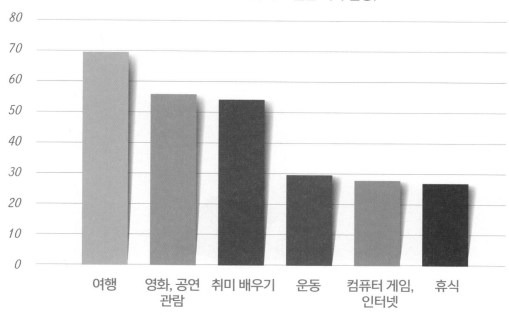

여행	영화, 공연 관람	취미 배우기	운동	컴퓨터 게임, 인터넷	휴식

한국 중고등학생이 시간이 있으면 가장 하고 싶어 하는 것은 여행이에요. 그다음은 영화나 공연을 보는 것과 새로운 취미를 배우는 것이에요.

다른 나라의 중고등학생들은 어떤 여가 활동을 할까요?

05 더 배워요

◉ 5과에서 무엇을 배우는지 알아봅시다.

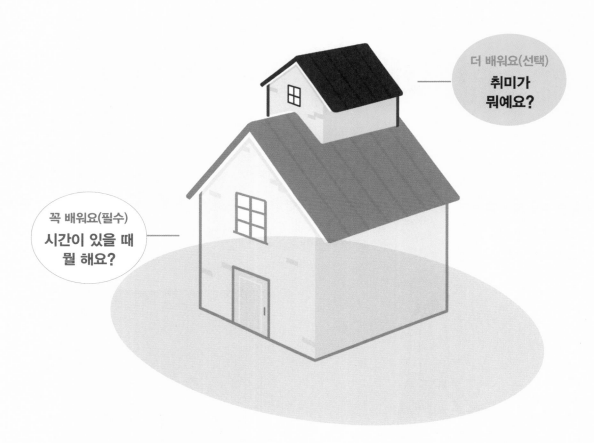

더 배워요(선택)
**취미가
뭐예요?**

꼭 배워요(필수)
**시간이 있을 때
뭘 해요?**

테니스를 배워요.

피아노를 배울 거예요.

취미가 뭐예요?

제주도로 여행을 가요.

강원도를 여행했어요.

함께 이야기해 봐요

1. 여러분은 모으고 싶은 물건이 있어요?

2. 친구들에게 어떤 취미 활동을 추천하고 싶어요?

대화해 봐요 1

 와니와 호민이가 주말 계획에 대해 이야기해요. █로 확인해 보세요.

 와니는 뭘 배우고 싶어요? 먼저 █로 확인해 보세요.

① 영수야, 너 테니스 칠 줄 알아?

② 응. 전에 동호회에서 배운 적이 있어. 그런데 잘 치지는 못해.

③ 나는 테니스를 칠 줄 몰라서 오늘부터 배우기로 했어. 그런데 테니스 치는 게 어렵지 않아?

④ 다른 운동이랑 비슷해.

⑤ 그래도 배드민턴보다는 배우기 어렵겠지.

⑥ 아니야, 비슷해. 그러니까 금방 배울 수 있을 거야.

질문에 답하세요.

1. 내용과 같으면 ○, 다르면 ✕ 하세요.
   (1) 영수는 테니스를 배운 적이 있어요.　　　　(　　　　)
   (2) 영수는 테니스를 잘 쳐요.　　　　　　　　(　　　　)
   (3) 와니는 테니스를 배우기로 했어요.　　　　(　　　　)

2. 여러분은 취미가 뭐예요?
   ➔ _____

 와니는 테니스를 잘 쳤을까요?
🔲로 확인해 보세요.

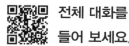 전체 대화를 들어 보세요.

■ 활용하기

정호가 피아노를 배울 거예요.

 : 선영아, 너 피아노 칠 줄 알아?

 : 응. 전에 피아노 학원에 다닌 적이 있어.

 : 나는 피아노를 칠 줄 몰라서 오늘부터 배우기로 했어. 피아노 치는 게 어렵지 않아?

 : 다른 악기랑 비슷해.

 : 그래도 기타보다는 치기 쉽겠지.

대화해 봐요 2

 나나는 이번 방학에 무슨 계획이 있어요? ▨로 확인해 보세요.

 민우가 나나에게 무엇을 제안하고 있어요? 먼저 ▨로 확인해 보세요.

① 민우야, 나 이번 방학에 가족들하고 제주도에 가기로 했어. 너 제주도에 가 봤어?

② 응. 가 봤어. 날씨가 좋을 때 한라산에 꼭 가 봐. 등산할 때는 힘들지만 산 위에 올라서 아래를 보면 기분이 정말 좋아.

③ 그래? 나는 운동을 안 좋아해서 산에 오르는 것은 안 하고 싶지만 한라산은 한번 올라가 볼게.

④ 그리고 바다에도 가 봐. 수영도 할 수 있고 낚시도 할 수 있어서 좋아.

⑤ 이렇게 너랑 제주도 이야기를 하니까 지금 가고 싶네.

⑥ 조금만 기다려. 곧 방학이야.

질문에 답하세요.

1. 내용과 같으면 ○, 다르면 ✕ 하세요.

   (1) 민우는 제주도에 가 봤어요.　　　　　(　　　)

   (2) 나나는 제주도에 빨리 가고 싶어요.　(　　　)

   (3) 지금은 방학이에요.　　　　　　　　(　　　)

2. 여러분은 제주도에 가면 무엇을 해 보고 싶어요?

   → _____

 나나가 제주도에서 여행한 것을 말해요. ▦로 확인해 보세요.

 전체 대화를 들어 보세요.

▨ **활용하기**

유미가 강원도 여행 경험을 이야기해요.

 : 주말에 가족들하고 강원도에 가기로 했어. 넌 강원도에 가서 강원도 음식을 먹어 봤어?

 : 응, 먹어 봤어. 그리고 바다에 꼭 가 봐. 좀 멀어서 갈 때는 힘들지만 바다에 가서 경치를 보면 정말 멋있어.

 : 설악산은 어때?

 : 단풍도 볼 수 있고 계곡도 볼 수 있어서 좋아.

¤ **다음을 읽고 질문에 답하세요.**

저희 우표 수집 동호회를 소개합니다.

여러분의 취미는 뭐예요? 혹시 우표 모으는 것을 좋아하세요? 그럼 저희 우표 수집 동호회에 들어오세요. 다른 회원들이 모은 옛날 우표나 세계 여러 나라의 우표를 구경할 수 있어요. 또 자신이 가지고 있는 우표를 다른 사람들에게 소개할 수 있어요. 작년에는 미술관에서 우표 전시회를 한 적도 있어요. 저희 동호회는 한 달에 한 번 모여요. 우표 수집을 좋아하는 사람은 저희 동호회에 와 보세요.

1. 읽은 내용과 같으면 ○, 다르면 ✕ 하세요.

   (1) 이 동호회의 회원들은 매주 모여요.   (   )

   (2) 이 동호회에서는 회원들이 자신이 가지고 있는 우표를 소개해요.   (   )

   (3) 이 동호회는 작년에 우표 전시회를 했어요.   (   )

2. 왜 이 글을 썼어요?

3. 이 동호회에 가면 무엇을 구경할 수 있어요?

☒ 친구의 취미에 대해 물어보세요. 그리고 여러분의 취미와 비교해 보세요.

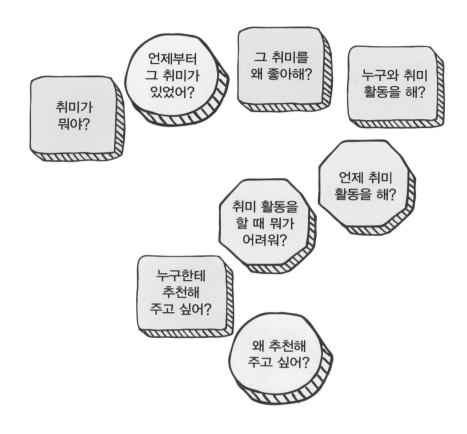

☒ 위의 내용으로 취미 활동을 추천하는 글을 써 보세요.

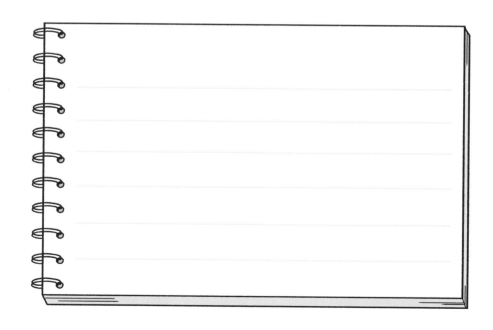

06 추석에 송편을 만들었는데 재미있었어

● 6과에서 무엇을 배우는지 알아봅시다.

더 배워요(선택)
**명절과 기념일에
무엇을 해요?**

꼭 배워요(필수)
**명절과 휴일에
대해 이야기해요.**

학습 목표
다른 사람의 감정이나 기분을 추측할 수 있다.
명절과 휴일에 대해 궁금한 것을 확인할 수 있다.

어휘 기념일과 명절 관련 어휘
문법 −기 때문에, −는 것 같다, −는데,
　　　−는지 알다/모르다

① 영수야, 개교기념일에 학교를 안 가는데 너 뭐 할 거야?

② 정호하고 같이 수영장에 갈 거야. 넌?

③ 난 할머니 댁에 가기로 했어.

④ 그래? 좋겠다.

함께 이야기해 봐요

1. 여러분은 무슨 기념일을 알고 있어요?

2. 휴일과 명절에 무엇을 해요?

어휘를 배워요

기념일과 명절에 대해 알아봅시다.

생일

돌

결혼기념일

어린이날(5월 5일)

어버이날(5월 8일)

선생님 감사합니다

스승의 날(5월 15일)

기념일과 명절

만세! 만세!

삼일절(3월 1일)

제헌절(7월 17일)

설날

훈민정음

한글날(10월 9일)

와! 와!

광복절(8월 15일)

개천절(10월 3일)

동지

대보름

추석

⬤ 기념일과 명절에는 무엇을 하는지 이야기해 보세요.

과자, 기침, 대회, 땀, 떡국, 비밀,
세종대왕, 송편, 시골, 연극,
연휴, 친척, 카네이션, 고치다

달력

기념일 선물

선물이나 편지,
꽃을 줘요.

기념행사

세배

설날에 떡국을 먹어요.
추석에 송편을 먹어요.
여러 가지 명절 음식을 먹어요.

명절 음식

차례

문법을 배워요 1

① 우리 가족은 이번 설 연휴에 여행을 갈 거야. 넌 뭐 할 거야?

② 나는 시골에 가.

③ 시골에는 왜 가?

④ 할아버지가 시골에 계시기 때문에 할아버지 댁에 가.

-기 때문에

앞의 내용이 뒤에 오는 일의 원인이나 이유임을 나타내는 표현.

할머니 생신 선물을 사야 하기 때문에 돈을 모으고 있어.

어제 숙제를 안 했기 때문에 오늘 해야 돼요.

내일 시험을 보기 때문에 오늘은 도서관에서 공부할 거야.

● '-기 때문에'를 사용하여 〈보기〉와 같이 완성해 보세요.

〈보기〉   숙제가 많기 때문에 오늘은 게임을 안 할 거야. (숙제가 많다)

(1) 와니랑 나는 _____ 비밀이 없어. (친하다)

(2) _____ 자전거를 타면 안 돼요. (비가 오다)

여러분은 오늘 무엇을 할 거예요? 왜 그것을 해요? '-기 때문에'를 사용하여 말해 보세요.

문법을 배워요 2

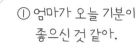

① 엄마가 오늘 기분이 좋으신 것 같아.

② 응. 내가 카네이션을 드렸어.

③ 아, 오늘이 어버이날이지?

④ 몰랐어? 오빠도 빨리 선물 사 와.

–는 것 같다

–은 것 같다, –ㄴ 것 같다

추측을 나타내는 표현.

명절이라서 길이 많이 막히는 것 같아.

민호가 기침을 해요. 감기에 걸린 것 같아요.

옷이 좀 불편해요. 옷이 작은 것 같아요.

● '–는 것 같다'를 사용하여 〈보기〉와 같이 완성해 보세요.

〈보기〉 나나는 매일 우유를 마셔. 우유를 <u>좋아하는 것 같아</u>. (좋아하다)

(1) 세인이 얼굴에 땀이 많이 나. _____. (덥다)

(2) 소연이가 오늘 지각했어. 아침에 _____. (늦게 일어나다)

지금 친구가 어때요? '–는 것 같다'를 사용하여 말해 보세요.

문법을 배워요 3

① 작년 추석에 송편을 처음 만들어 봤는데 재미있었어. 너희 집에서도 송편을 직접 만들어?

② 아니. 우리 집은 추석에 송편을 마트에서 사.

③ 그래? 이번 추석에는 한번 직접 만들어 봐. 어렵지 않아.

④ 그럴까? 한번 만들어 볼게.

–는데

–은데, –ㄴ데

뒤의 말을 하기 위하여 그 대상과 관련이 있는 상황을 미리 말함을 나타내는 연결 어미.

나는 농구를 좋아하는데 우리 형은 농구를 안 좋아해.
나는 떡볶이를 먹고 싶은데 너는 어때?
설날에 시골에 갔는데 친척이 모두 오셨어.

● '–는데'를 사용하여 〈보기〉와 같이 완성해 보세요.

〈보기〉　아까 비가 <u>왔는데</u> 지금은 안 와. (비가 오다)

(1) 저는 영화를 ＿＿＿＿＿＿＿＿＿ 연극은 잘 안 봐요. (자주 보다)

(2) 지난 주말에 ＿＿＿＿＿＿＿＿＿ 할아버지께서 과자를 사 주셨어. (할아버지 댁에 가다)

지난 주말에 무엇을 했어요? 어땠어요? '–는데'를 사용하여 말해 보세요.

문법을 배워요 4

① 여러분, 한글을 누가 만들었는지 알아요?

② 세종대왕이에요.

③ 맞았어요. 한글날은 바로 세종대왕이 한글을 만든 것을 기념하는 날이에요.

④ 와, 한글날에 그런 의미가 있는지 몰랐어요.

−는지 알다/모르다

앞 문장의 사실에 대해 알거나 모름을 나타내는 표현.

버스를 어디에서 갈아타는지 몰라요.
설날에 무엇을 하는지 알아?
달리기 대회에서 누가 이겼는지 알아?

● '−는지 알다/모르다'를 사용하여 〈보기〉와 같이 이야기해 보세요.

> 〈보기〉 가: 언제 도서관이 문을 닫는지 알아? (언제 도서관이 문을 닫다)
> 나: 응. 언제 도서관이 문을 닫는지 알아. (알다)

(1) 어디에서 자전거를 고치다, 모르다

(2) 보통 누가 교실에 제일 먼저 오다, 알다

여러분은 어떤 일을 알아요? 그리고 어떤 일을 몰라요? '−는지 알다/모르다'를 사용하여 말해 보세요.

한국의 기념일을 알아보다

¤ **개천절이 어떤 날이에요?**

개천절은 10월 3일이에요.
단군 할아버지가 처음 나라를 세운 날인데 나라 이름이 '고조선'이에요.
단군 할아버지가 누구인지 알아요?

옛날에 하늘의 왕에게 아들이 있었는데 이름이 환웅이었어요. 환웅은 사람들을 도와주고 싶어서 비, 구름, 바람의 신들을 데리고 땅에 내려왔어요.

어느 날, 곰과 호랑이가 환웅에게 와서 부탁했어요.
"저희는 사람이 되고 싶어요."

환웅은 곰과 호랑이에게 말했어요.
"오늘부터 100일 동안 빛을 보면 안 된다. 그리고 쑥과 마늘만 먹어야 한다." 호랑이는 너무 힘들어서 포기했지만 곰은 포기하지 않고 잘 참았어요. 그래서 100일 후에 아름다운 여자가 되었어요.

환웅은 이 여자의 이름을 웅녀라고 지어 주었어요. 그리고 환웅과 웅녀가 결혼해서 아들을 낳았어요.
이 아들의 이름이 단군이에요.

¤ 국가 기념일에 무엇을 해요?

어린 나무를 심어요.

4월 5일은 식목일이에요. 어린 나무를 심고
큰 나무가 될 때까지 잘 가꿔야 해요.

집에 태극기를 걸어요.
현충일에는 태극기를 조금 아래로
내려서 걸어야 해요.

이곳은 국립묘지예요.
흰색 국화를 가져가요.

6월 6일 현충일에는 나라를 지키는
군인과 경찰에게 감사하는 마음을 가져요.

다른 나라에는 어떤 국가 기념일이 있어요?

06

더 배워요

● 6과에서 무엇을 배우는지 알아봅시다.

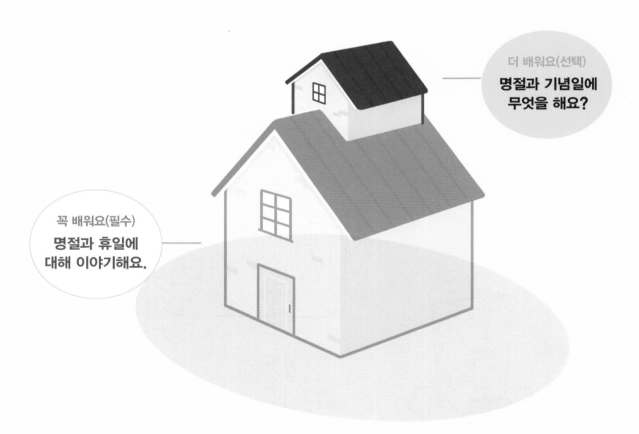

더 배워요(선택)
**명절과 기념일에
무엇을 해요?**

꼭 배워요(필수)
**명절과 휴일에
대해 이야기해요.**

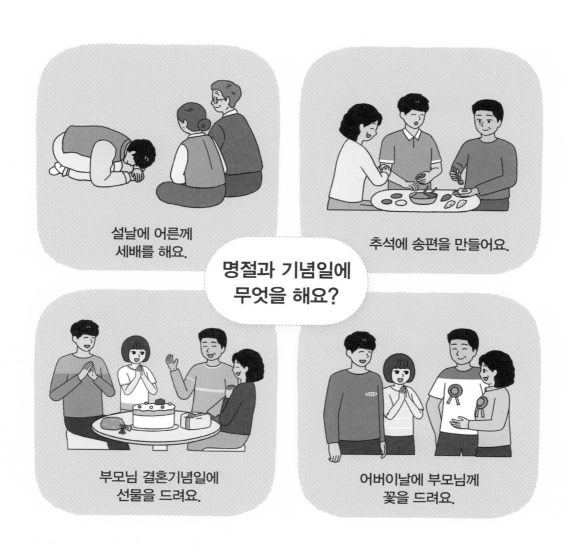

설날에 어른께
세배를 해요.

추석에 송편을 만들어요.

명절과 기념일에
무엇을 해요?

부모님 결혼기념일에
선물을 드려요.

어버이날에 부모님께
꽃을 드려요.

함께 이야기해 봐요

1. 여러분 학교의 개교기념일은 언제예요?

2. 여러분은 휴일에 무슨 일을 하고 싶어요?

대화해 봐요 1

 정호와 와니가 설날에 먹는 음식을 이야기해요. ▦로 확인해 보세요.

 설날에 무엇을 해요? 먼저 ▦로 확인해 보세요.

① 정호야, 너는 설날에 친척 집에 가?

② 아니. 우리가 큰집이라서 우리 집으로 친척들이 오셔. 이번 설날에도 많이 오셨어.

③ 친척이 많이 모이면 집이 복잡하고 시끄럽겠다.

④ 사람들이 많아서 조금 복잡한데 그래도 명절 분위기가 나서 좋아.

⑤ 친척이 많아서 세배도 많이 해야 되지? 그럼 너 세배 잘하겠다.

⑥ 응. 난 어렸을 때는 세배를 어떻게 하는지 몰랐는데 지금은 잘해.

새 표현

특별하다   올해   나이를 먹다   큰집
복잡하다   분위기   예전   직접

▌▌ 질문에 답하세요.

1. 내용과 같으면 ○, 다르면 ✕ 하세요.

   (1) 설날에 정호의 집으로 친척들이 많이 와요.   (   )

   (2) 정호는 지금 세배를 잘할 수 있어요.   (   )

   (3) 정호는 설날에 친척 집에 가요.   (   )

2. 여러분은 친척들이 많이 모이면 어때요?

   ➜ _____

 정호와 와니는 떡국을 얼마나 먹었어요?
▦로 확인해 보세요.

 전체 대화를 들어 보세요.

▨ 활용하기

> **선영이와 영수가 추석에 먹는 음식을 이야기하고 있어요.**

 : 우리 집은 추석에 송편을 많이 만들어.
그래서 예전에는 어떻게 만드는지 몰랐는데 지금은 잘 만들 수 있어.

 : 송편을 직접 만들어? 복잡하고 시간이 많이 걸리겠다.

 : 시간은 오래 걸리는데 그래도 직접 만들어서 더 맛있는 거 같아.

 : 나도 만들어 보고 싶다.

대화해 봐요 2

 민우와 선영이 무슨 이야기를 해요? 📱로 확인해 보세요.

 나나는 부모님 결혼기념일에 어떤 선물을 드려요? 먼저 📱로 확인해 보세요.

① 나나야, 넌 부모님 결혼기념일에 선물을 드려?

② 응. 작년에도 드렸어. 편지도 쓰고 종이꽃도 만들어서 선물로 드렸어.

③ 와, 부모님께서 선물을 받고 정말 좋아하셨겠다.

④ 응. 우리 부모님은 돈을 주고 산 것보다 내가 직접 만든 물건을 더 좋아하시는 것 같아. 너도 종이꽃이나 목도리를 직접 만들어 드리는 건 어때?

⑤ 응. 꽃은 아빠가 엄마한테 선물하기 때문에 나는 안 드려도 될 것 같아. 편지만 드려도 될까?

⑥ 그럼. 편지에 축하와 감사의 마음을 표현하면 정말 좋아하실 거야.

▌▌ 질문에 답하세요.

1. 내용과 같으면 ○, 다르면 ✕ 하세요.

   (1) 나나의 부모님은 나나가 직접 만든 선물을 더 좋아해요. ( )

   (2) 나나는 작년 부모님의 결혼기념일에 부모님께 선물을 드렸어요. ( )

   (3) 민우의 아빠는 결혼기념일에 민우의 엄마에게 꽃을 선물해요. ( )

2. 여러분은 부모님의 결혼기념일에 무엇을 해요?

   ➜ _____

  민우 부모님은 민우의 편지를 좋아하셨어요?
🔲로 확인해 보세요.

 전체 대화를 들어 보세요.

▨ 활용하기

> 세인이와 유미가 어버이날 선물에 대해 이야기해요.

 : 유미야, 너는 어버이날에 부모님께 무슨 선물을 드릴 거야?

 : 카네이션하고 편지를 드릴 거야. 넌?

 : 카네이션은 동생이 드리기 때문에 나는 다른 걸 드려도 될 것 같아.
편지만 드려도 될까?

 : 그럼. 우리 부모님은 다른 선물보다 편지를 드릴 때 더 감동하시는 것 같아.

읽고 써 봐요

☼ 다음을 읽고 질문에 답하세요.

 안내문　개교기념일 안내

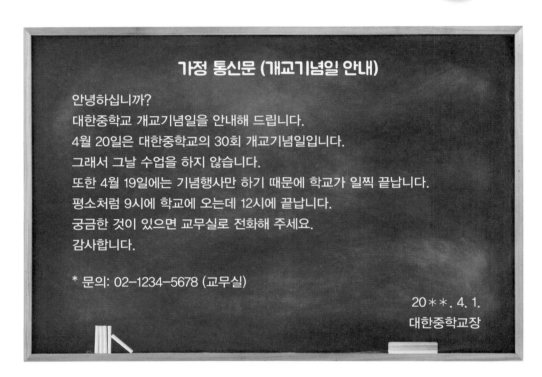

가정 통신문 (개교기념일 안내)

안녕하십니까?
대한중학교 개교기념일을 안내해 드립니다.
4월 20일은 대한중학교의 30회 개교기념일입니다.
그래서 그날 수업을 하지 않습니다.
또한 4월 19일에는 기념행사만 하기 때문에 학교가 일찍 끝납니다.
평소처럼 9시에 학교에 오는데 12시에 끝납니다.
궁금한 것이 있으면 교무실로 전화해 주세요.
감사합니다.

* 문의: 02-1234-5678 (교무실)

20**. 4. 1.
대한중학교장

1. 읽은 내용과 같으면 ○, 다르면 ✕ 하세요.

　(1) 대한중학교는 개교기념일에 수업이 없어요. 　　　　　　　　　　　(　　　　)

　(2) 가정 통신문을 받고 궁금한 것이 있으면 교무실에 전화하면 돼요. 　(　　　　)

　(3) 4월 19일에 12시까지 학교에 가야 해요. 　　　　　　　　　　　　(　　　　)

2. 개교기념일은 언제예요?

3. 4월 19일에 왜 학교가 일찍 끝나요?

¤ 여러분은 휴일에 무슨 일을 하고 싶어요? 친구들하고 이야기해 보세요.

	휴일에 하고 싶은 일	이유
나		
친구 1		
친구 2		

¤ 여러분은 휴일에 무엇을 했어요? 휴일에 한 일을 써 보세요.

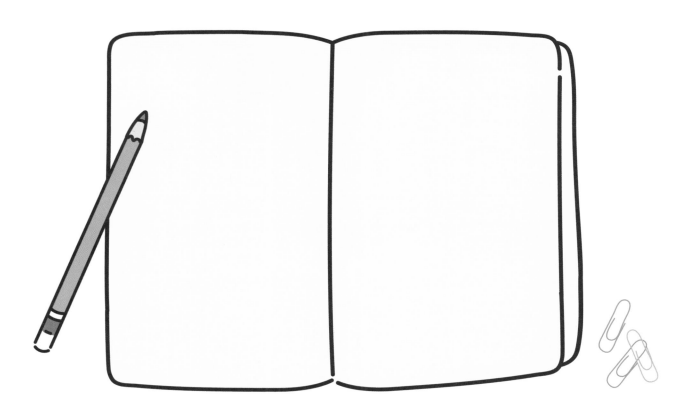

07 수영 연습을 하려고 시간이 날 때마다 수영장에 가요

● 7과에서 무엇을 배우는지 알아봅시다.

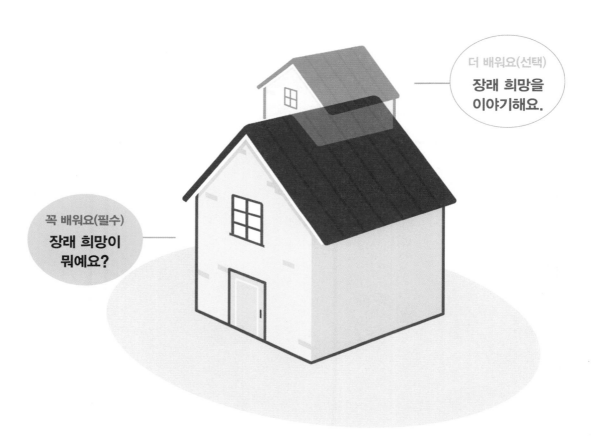

더 배워요(선택)
장래 희망을 이야기해요.

꼭 배워요(필수)
장래 희망이 뭐예요?

함께 이야기해 봐요

1. 여러분은 미래에 무슨 일을 하고 싶어요?

2. 그 일을 하기 위해 지금 무슨 노력을 하고 있어요?

어휘를 배워요

● 여러분은 어떤 직업을 알아요?

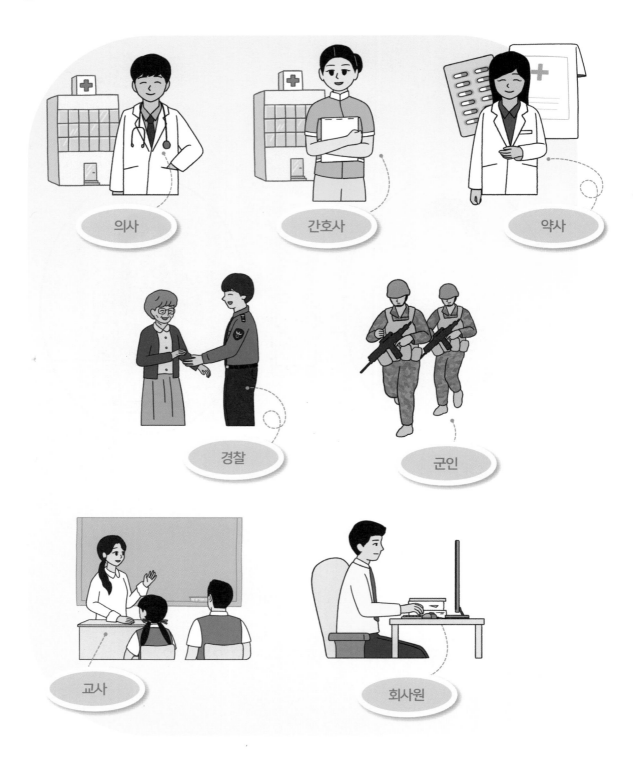

의사

간호사

약사

경찰

군인

교사

회사원

기자

변호사

요리사

가수

운동선수

화가

음악가

관심, 꿈, 동안, 방송국, 은행,
직업, 처음, 탁구, 계속, 점점,
주로, 노력하다, 이루다,
찾다, 날씬하다, 다양하다

문법을 배워요 1

① 와니야, 너는 나중에 뭐가 되고 싶어?

③ 난 선생님이 되고 싶어.

② 아나운서가 되고 싶어. 방송국에 가 본 후부터 그렇게 생각하게 되었어.

④ 그래? 우리 열심히 노력해서 꼭 꿈을 이루자.

-게 되다

앞의 말이 나타내는 상태나 상황이 됨을 나타내는 표현.

언제부터 요리에 관심을 가지게 되었어?
처음에는 한국어를 잘 못했는데 이제는 잘하게 되었어.
열심히 연습해서 자전거를 잘 타게 되었어요.

● '-게 되다'를 사용하여 〈보기〉와 같이 완성해 보세요.

〈보기〉 　매운 음식을 잘 <u>먹게 되었어</u>. (잘 먹다)

(1) 아침에 ＿＿＿＿＿＿＿＿＿＿＿＿. (일찍 일어나다)
(2) 열심히 노력해서 ＿＿＿＿＿＿＿＿＿＿＿. (좋은 점수를 받다)

어떤 일을 전에는 잘 못했는데 지금은 잘해요? '-게 되다'를 사용하여 말해 보세요.

문법을 배워요 2

① 수호는 나중에 무슨 일을 하고 싶어?

② 저는 수영 선수가 되고 싶어요.

③ 그럼 수영 연습을 자주 하겠네?

④ 네. 수영 연습을 하려고 시간이 날 때마다 수영장에 가요.

-으려고

-려고

어떤 행동을 할 의도나 욕망을 가지고 있음을 나타내는 연결 어미.

악기를 배우려고 밴드부에 들어갔어.

돈을 찾으려고 은행에 갔어.

아침에 운동하려고 일찍 일어났어요.

● '-으려고'를 사용하여 〈보기〉와 같이 완성해 보세요.

〈보기〉   모르는 문제를 여쭤보려고 선생님께 가요. (모르는 문제를 여쭤보다)

(1) _____ 손을 씻어요. (저녁을 먹다)

(2) _____ 공부를 열심히 해요. (의사가 되다)

여러분은 오늘 무엇을 했어요? 왜 그것을 했어요? '-으려고'를 사용하여 말해 보세요.

문법을 배워요 3

① 나나야, 넌 나중에 뭐가 되고 싶어?

② 가수가 되는 게 내 꿈이야. 너는?

③ 난 아직 잘 모르겠어.

④ 그럼 다양한 직업을 소개하는 책을 읽거나 청소년 상담 센터에 가 봐. 도움이 될 거야.

-거나

앞에 오는 말과 뒤에 오는 말 중에서 하나가 선택될 수 있음을 나타내는 연결 어미.

나는 운동을 하고 싶을 때 주로 탁구를 치거나 농구를 해.
영수는 경찰이 되거나 군인이 될 것 같아.
시간이 있을 때 책을 읽거나 음악을 들어요.

● '-거나'를 사용하여 〈보기〉와 같이 이야기해 보세요.

〈보기〉
가: 주말에 뭐 해?
나: 농구를 하거나 집에서 텔레비전을 봐. (농구를 하다, 집에서 텔레비전을 보다)

(1) 학원에 가다, 집에서 공부를 하다
(2) 친구랑 놀다, 컴퓨터 게임을 하다

여러분은 친구를 만나면 무슨 일들을 해요? '-거나'를 사용하여 말해 보세요.

문법을 배워요 4

① 정호야, 오늘도 달리기 연습했어?

② 응. 축구 선수가 되고 싶으면 달리기를 잘해야 해. 그래서 요즘 열심히 연습하고 있어.

③ 연습을 많이 하면 달리기를 잘하게 돼?

④ 물론이지. 몇 달 동안 매일 연습했는데 전보다 훨씬 빨라졌어.

-어지다

-아지다, -여지다

앞에 오는 말이 나타내는 상태로 점점 되어 감을 나타내는 표현.

이 드라마는 점점 더 재미있어져요.

날씨가 계속 더워지고 있어.

요즘 가수가 되려고 하는 사람이 많아졌어.

● '-어지다'를 사용하여 〈보기〉와 같이 완성해 보세요.

> 〈보기〉 운동을 하면 <u>건강해져요.</u> (건강하다)

(1) 음악을 들으면 _____. (기분이 좋다)

(2) 간식을 조금만 먹으면 _____. (몸이 날씬하다)

어떤 것이 전과 달라요? '-어지다'를 사용하여 말해 보세요.

한국의 직업 세계를 만나다

¤ 한국 직업의 과거와 현재 그리고 미래에 대해 알아봐요.

전통을 잇는 직업들

궁중 요리 명인

판소리 명창

도기 장인

전통문화를 지키기 위해 열심히 일하는 사람들이 있어요.
우리 전통이 미래에까지 전해지는 데 큰 역할을 해요.

옛날이나 지금이나 여전히 인기 있는 직업들

선생님

의사

운동선수

선생님이나 의사는 어느 시대에나 인기가 많은 직업이에요.
요즘은 김연아나 박태환과 같은 올림픽 스타를 꿈꾸는 아이들도 많아졌어요.

시대가 변하면서 인기를 얻게 된 직업들

1인 크리에이터

웹툰 작가

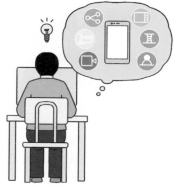

애플리케이션 개발자

과학 기술이 발전하고 누구나 IT 기술을 쉽게 다룰 수 있게 되면서
새로운 직업들이 나타나기 시작했어요. 대표적으로 스마트폰 애플리케이션 개발자,
웹툰 작가, 1인 크리에이터 등이 있어요.
사회에서 정해진 직업을 선택하는 것이 아니라 자신이 즐겁게 할 수 있는 일을
직업으로 만들 수 있게 되었어요.

여러분은 무슨 직업에 관심이 있어요?

더 배워요

● 7과에서 무엇을 배우는지 알아봅시다.

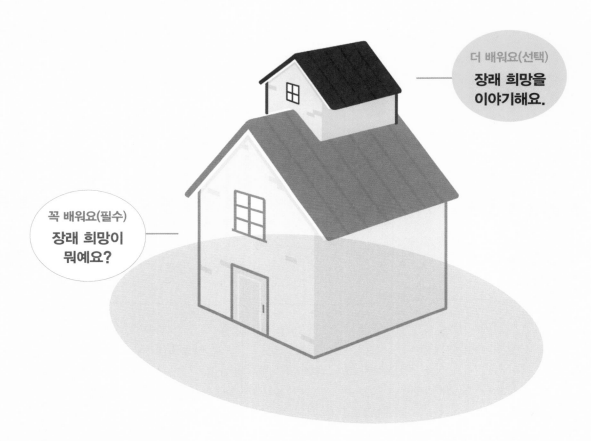

더 배워요(선택)
**장래 희망을
이야기해요.**

꼭 배워요(필수)
**장래 희망이
뭐예요?**

요리사가 되고 싶어요.

배우가 될 거예요.

장래 희망을
이야기해요.

선생님과 직업에 대해
이야기해요.

제 꿈은 가수예요.

함께 이야기해 봐요

1. 청소년 직업 카드에 무슨 내용이 있어요?

2. 여러분의 직업 카드에 무엇을 쓰고 싶어요?

대화해 봐요 1

 선영과 호민이가 장래 희망에 대해 이야기하고 있어요. ▦로 확인해 보세요.

 호민이는 왜 요리사가 되고 싶어요? 먼저 ▦로 확인해 보세요.

① 어제 수업 후에 왜 그렇게 빨리 뛰어 갔어? 너 요즘 많이 바쁜 것 같아.

② 응. 어제는 요리 학원에 빨리 가야 해서 그랬어.

③ 너 요리 학원에 다녀?

⑤ 그래? 그런데 왜 요리사가 되고 싶어? 음식 만드는 걸 좋아해?

④ 응. 내 꿈이 요리사라서 지난주부터 요리 학원에 가서 요리를 배우고 있어. 그래서 요즘 좀 바빠졌어.

⑥ 응. 그리고 내가 만든 음식을 다른 사람이 맛있게 먹으면 기분이 좋아. 나중에 요리를 더 잘하게 되면 맛있는 음식을 만들어 줄게.

|| 질문에 답하세요.

1. 내용과 같으면 ○, 다르면 ✕ 하세요.

   (1) 호민이는 요리하는 것을 좋아해요.　　　　　　　(　　　)

   ② 호민이는 지난주부터 요리 학원에 다녀요.　　　　(　　　)

   (3) 선영이와 호민이는 어제 같이 학원에 갔어요.　　(　　　)

2. 여러분은 어떤 일을 할 때 기분이 좋아요?

   ➡ _____

   선영이는 호민이가 만든 음식이 어땠어요?
로 확인해 보세요.

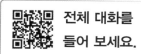 전체 대화를 들어 보세요.

▨ 활용하기

영수가 자신의 장래 희망을 이야기하고 있어요.

 : 영수야, 너는 장래 희망이 뭐야?

 : 나는 배우가 되고 싶어. 요즘 연기 학원에 다녀서 연기 실력이 좋아졌어.

 : 그런데 왜 배우가 되고 싶어?

 : 연기가 재미있고, 사람들이 내 연기를 칭찬해 주면 기분이 좋아.
　　 나중에 유명한 배우가 되면 사인해 줄게.

대화해 봐요 2

 유미와 수호가 상담에 대해 이야기를 하고 있어요. ▨로 확인해 보세요.

 선생님은 수호에게 무슨 직업이 어울린다고 하셨어요? 먼저 ▨로 확인해 보세요.

① 수호는 시간이 나면 보통 뭘 하니?

② 저는 친구들하고 만나서 축구를 하거나 농구를 해요.

③ 그래? 운동을 아주 좋아하네. 친구들에게 모르는 것을 가르쳐 주는 것도 좋아하니?

④ 네, 전 운동도 좋아하지만 가르쳐 주는 것도 좋아해요. 친구들에게 잘 설명하려고 따로 공부도 해요.

⑤ 그래? 그럼 수호는 운동도 좋아하고 가르치는 것도 좋아하니까 체육 선생님이 되렴.

⑥ 체육 선생님이요? 생각해 본 적은 없지만 재미있을 것 같아요.

질문에 답하세요.

1. 내용과 같으면 ○, 다르면 × 하세요.

   (1) 선생님은 수호의 직업으로 체육 선생님을 추천했어요.   (   )

   (2) 수호는 시간이 있으면 친구들과 운동을 해요.   (   )

   (3) 수호는 친구들에게 설명하는 것을 안 좋아해요.   (   )

2. 여러분은 언제 상담실에 가요?

   → _____

 유미와 수호가 상담 후에 이야기하고 있어요.
🔲로 확인해 보세요.

 전체 대화를 들어 보세요.

▨ **활용하기**

선생님과 나나가 이야기하고 있어요.

 : 나나는 시간이 나면 보통 뭘 하니?

 : 저는 노래방에 가서 노래를 부르거나 집에서 음악 방송을 봐요.

 : 그래? 그러면 나나는 음악을 좋아하니까 앞으로 가수가 되렴.

 : 네. 제 장래 희망이 가수예요. 가수가 되려고 노래 연습을 하는 거예요.

읽고 써 봐요

¤ 다음을 읽고 질문에 답하세요

 정보문 　　직업 카드

〈 기자 〉

기자는 다른 사람들에게 소식을 알려 주는 일을 합니다. 우리나라 또는 다른 나라에서 중요한 일이 생기거나 사고가 나면 그 장소에 직접 찾아갑니다. 그리고 사람들을 만나고 정보를 모아서 글을 씁니다. 그러면 많은 사람들이 그 소식을 알게 됩니다.

필요한 능력　글쓰기를 잘해야 합니다. 다른 사람과 이야기하는 것을 좋아해야 합니다. 어떤 일이 왜 생겼는지 이해하고 잘 설명할 수 있어야 합니다.

필요한 공부　국어, 역사, 사회 등을 공부해야 합니다.

성격과 행동　실수를 많이 하지 않아야 합니다. 많이 걷고 뛸 수 있어야 합니다. 다른 사람을 잘 이해할 수 있어야 합니다. 모르는 것이 있으면 반드시 답을 찾아야 합니다.

1. 읽은 내용과 같으면 ○, 다르면 ✕ 하세요.

   (1) 기자가 되고 싶으면 국어를 열심히 공부해야 해요.　　　　　　(　　　)

   (2) 기자는 기사에 필요한 정보를 찾으러 세계 여러 나라를 가요.　　(　　　)

   (3) 기자가 되고 싶으면 글을 잘 써야 해요.　　　　　　　　　　(　　　)

2. 기자는 어떤 일을 하는 사람이에요?

3. 직업 카드에는 어떤 내용이 써 있어요?

¤ 여러분은 장래 희망을 정했어요? 장래 희망을 정하기 위해 무엇을 생각해야 할까요?

1. 시간이 있을 때 무엇을 해요?

2. 무슨 일을 할 때 가장 즐거워요?

3. 무슨 일에 관심이 많아요?

4. 많이 알고 있어서 다른 사람에게 설명해 줄 수 있는 것이 있어요? 무엇이에요?

5. 앞으로 무엇을 더 배우고 싶어요?

6. 여러분의 성격은 어때요?

7. 지금까지 쓴 내용과 어울리는 직업은 무엇이에요?

¤ 위에 쓴 내용으로 여러분만의 직업 카드를 만들어 보세요.

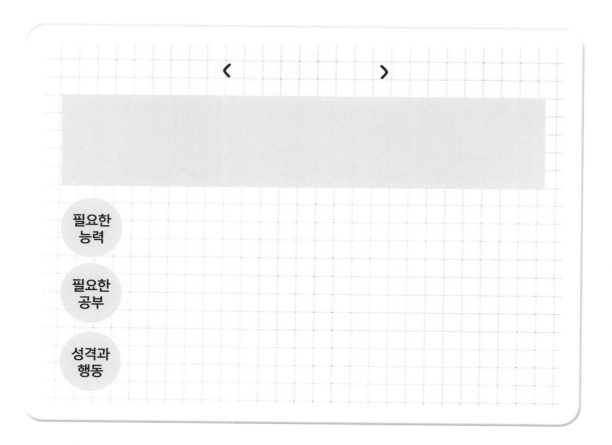

08

축구하다가 넘어졌어

● 8과에서 무엇을 배우는지 알아봅시다.

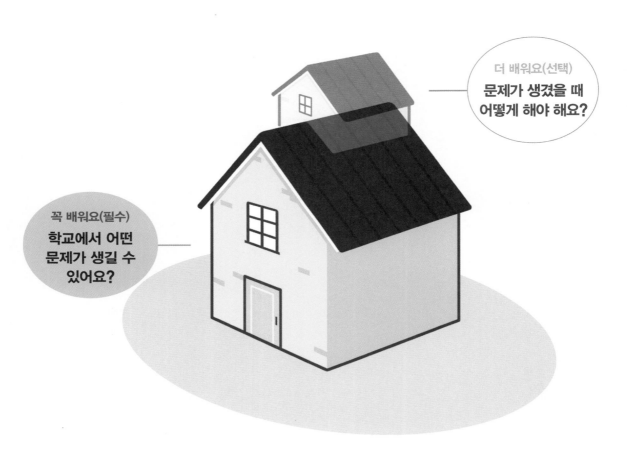

더 배워요(선택)

**문제가 생겼을 때
어떻게 해야 해요?**

꼭 배워요(필수)

**학교에서 어떤
문제가 생길 수
있어요?**

함께 이야기해 봐요

1. 학교에서 어떤 문제가 생긴 적이 있어요?

2. 문제가 생겼을 때 어떻게 했어요?

어휘를 배워요

● 학교에서 어떤 문제가 생길 수 있어요?

신호등

횡단보도

교통사고

흘리다

온도가 높다

계단

넘어지다

미끄러지다

● 문제가 생겼을 때 어떻게 해야 해요?

보건실

치료하다

다치다

피가 나다

상처가 나다

주머니

떨어지다

잃어버리다

찾다

돌려주다

줍다

벽, 사과, 열쇠, 잠, 지갑, 후배, 아까, 푹, 걸다, 낫다, 들어오다, 비키다, 심다, 잡다, 지나가다

① 수호야, 너 다리가 왜 그래?

② 아까 축구하다가 넘어졌어.

③ 빨리 보건실에 가 봐. 피가 많이 나네.

④ 그래. 지금 다녀올게.

-다가

앞에 오는 말이 뒤에 오는 말의 원인이나 근거가 됨을 나타내는 연결 어미.

책을 읽다가 늦게 잠을 잤어요.
빨리 뛰어가다가 길에서 미끄러졌어요.
다른 생각을 하다가 선생님 말씀을 못 들었어요.

● '-다가'를 사용하여 〈보기〉와 같이 완성해 보세요.

〈보기〉 집에서 요리를 하다가 손을 다쳤어요. (집에서 요리를 하다)

(1) _____ 옷에 흘렸어요. (물을 빨리 마시다)
(2) _____ 약속 시간에 늦었어요. (열쇠를 잃어버려서 찾다)

어떤 이유로 사고나 원하지 않은 일이 일어났어요? '-다가'를 사용하여 말해 보세요.

문법을 배워요 2

① 어, 벽에 있는 시계가 떨어질 것 같아.

② 그러게. 좀 위험하네.

③ 머리 위에 떨어지면 어떡해.

④ 친구들이 안 다치게 우리가 다시 잘 걸자.

-게

앞의 말이 뒤에서 가리키는 일의 목적이나 결과, 방식, 정도 등이 됨을 나타내는 연결 어미.

감기가 빨리 낫게 푹 쉬세요.

넘어지지 않게 친구의 팔을 잡았어요.

여기에 앉을 수 있게 가방을 좀 치워 주세요.

● '-게'를 사용하여 〈보기〉와 같이 완성해 보세요.

〈보기〉   <u>지나가게</u> 좀 비켜 주세요. (지나가다)

(1) ＿＿＿＿＿＿＿＿＿＿＿＿ 문을 열어 줬어요. (친구가 교실에 들어오다)

(2) ＿＿＿＿＿＿＿＿＿＿＿＿ 불을 껐어요. (아기가 잠을 잘 자다)

어떤 일을 하기 위해 다른 일을 해요. '-게'를 사용하여 말해 보세요.

문법을 배워요 3

① 어떡해. 나 사물함 열쇠를 잃어버렸어.

② 가방이랑 주머니 좀 잘 찾아 봐.

③ 아까부터 찾았는데 없어.

④ 그래? 그럼 교무실에 가서 선생님께 말씀드려 봐.

−어서

−아서, −여서

앞의 말과 뒤의 말이 순차적으로 일어남을 나타내는 연결 어미.

사과를 씻어서 접시에 놓았어요.
보건실에서 약을 받아서 먹었어요.
친구에게 전화를 해서 약속을 정할 거예요.

● '−어서'를 사용하여 〈보기〉와 같이 이야기해 보세요.

> 〈보기〉
> 가: 내일 뭐 할 거야?
> 나: <u>후배를 만나서 같이 영화를 볼 거야.</u> (후배를 만나다, 같이 영화를 보다)

(1) 친구들을 집에 초대하다, 생일 파티를 하다

(2) 언니한테 카메라를 빌리다, 공원에서 사진을 찍다

지난 주말에 무슨 일을 했어요? 그리고 또 무슨 일을 했어요? 그 일들을 '−어서'를 사용하여 말해 보세요.

문법을 배워요 4

① 유미야, 아직도 배가 아파? 약 먹었어?

② 약은 아까 먹었어. 그런데 아직도 아파.

③ 약을 먹은 지 얼마나 됐는데?

④ 한 시간쯤 됐어.

—은 지

—ㄴ 지

앞의 말이 나타내는 행동을 한 후 시간이 얼마나 지났는지를 나타내는 표현.

이 나무를 심은 지 오래됐어요.
피아노를 배운 지 1년이 넘었어요.
지갑을 산 지 얼마 안 됐는데 잃어버렸어요.

● '—은 지'를 사용하여 〈보기〉와 같이 완성해 보세요.

〈보기〉 중학생이 된 지 6개월이 됐어요. (중학생이 되다)

(1) _____ 1년이 넘었어요. (이 사진을 찍다)
(2) _____ 얼마 안 됐어요. (집에 오다)

아침에 무엇을 했어요? 그 행동을 하고 시간이 얼마나 지났어요? '—은 지'를 사용하여 말해 보세요.

한국인의 언어와 행동을 만나다

¤ 놀라거나 감탄할 때 어떻게 말하고 행동해요?

"와", "오"
좋은 일이 있거나 좋은 것을 보고
놀랐을 때 이렇게 말해요.

"음", "저", "글쎄요"
다른 사람의 질문에 대답할 수 없거나
대답이 생각나지 않을 때 이렇게 말해요.

"앗", "어머", "으악"
깜짝 놀랐을 때 이렇게 말해요.

"자"
다른 사람하고 어떤 일을 같이 하려고
할 때 이렇게 말해요.

"파이팅"
다른 사람들을 응원하거나 모두가 다 함께
잘하자는 표현을 할 때 이렇게 말해요.

어른을 만났을 때 이렇게
고개를 숙여 인사해요.

조용히 해야 할 때는 "쉿"이라고
하면서 이렇게 행동해요.

좋은 일이 있거나 다른 사람을 칭찬할 때
이렇게 행동해요.

나도 다른 사람과 생각이 같을 때
이렇게 행동해요.

"사랑해요"
말하고 싶을 때 이렇게 행동해요.

여러분이 아는 한국 사람들이 하는 특별한 말이나 행동이 있어요?

08 더 배워요

● 8과에서 무엇을 배우는지 알아봅시다.

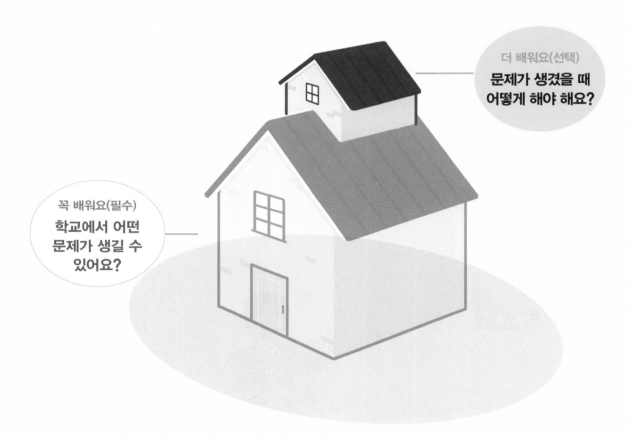

더 배워요(선택)
문제가 생겼을 때 어떻게 해야 해요?

꼭 배워요(필수)
학교에서 어떤 문제가 생길 수 있어요?

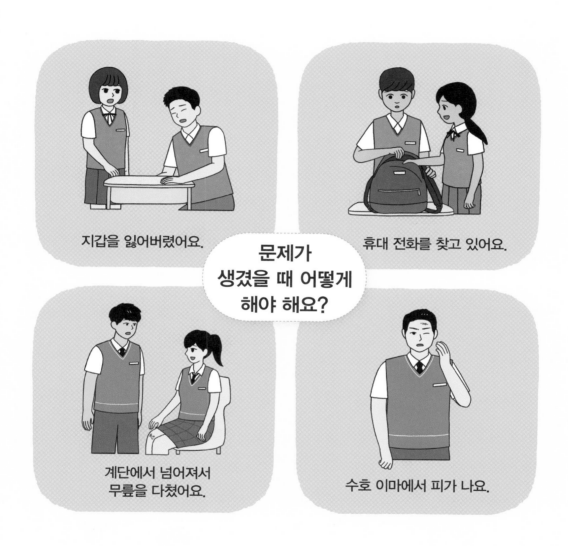

지갑을 잃어버렸어요.

휴대 전화를 찾고 있어요.

문제가 생겼을 때 어떻게 해야 해요?

계단에서 넘어져서 무릎을 다쳤어요.

수호 이마에서 피가 나요.

함께 이야기해 봐요

1. 언제 보건실에 가요?

2. 보건실에서 무엇을 해요?

대화해 봐요 1

 정호가 선영이와 이야기해요. ▓로 확인해 보세요.

 두 사람은 무엇을 찾고 있을까요? 먼저 ▓로 확인해 보세요.

① 정호야, 지갑 찾았어?

② 아니. 아직 못 찾았어. 어디에 있는지 모르겠어.

④ 응. 체육 시간 전까지는 있었어.

③ 학교에 가지고는 왔어?

⑥ 아, 그런가? 운동장에 가서 찾아 볼까? 같이 가 줄래?

⑤ 그럼. 운동장에서 축구하다가 떨어뜨린 거 아니야?

⑦ 그래. 나도 같이 나가서 지갑을 빨리 찾게 도와줄게.

▋▋ 질문에 답하세요.

1. 내용과 같으면 ○, 다르면 ✕ 하세요.

   (1) 선영이는 지갑을 잃어버렸어요.   (   )

   (2) 정호는 학교에 지갑을 안 가지고 왔어요.   (   )

   (3) 선영이가 정호를 도와줄 거예요.   (   )

2. 여러분은 학교에서 무엇을 잃어버린 적이 있어요?

   ➡ _____

   정호와 선영이는 물건을 찾았을까요?
　　　　　　　　로 확인해 보세요.

 전체 대화를 들어 보세요.

▨ 활용하기

　　호민이와 와니가 휴대 전화를 찾고 있어요.

 : 와니야, 내 휴대 전화가 어디에 있는지 모르겠어.

 : 가방 안에 있는 거 아니야?

 : 아, 그런가? 가방을 다 열어서 찾아 볼까? 이것 좀 잡아 줄래?

 : 그래. 가방 속이 잘 보이게 내가 이쪽을 잡아 줄게.

대화해 봐요 2

 나나는 무엇이 왜 필요해요? ▓로 확인해 보세요.

 민우와 나나가 어디에 갈 거예요? 먼저 ▓로 확인해 보세요.

▌▌ 질문에 답하세요.

1. 내용과 같으면 ○, 다르면 ✕ 하세요.

   (1) 나나는 계단에서 다쳤어요.　　　　　(　　　)

   (2) 두 사람은 지금 보건실에 있어요.　　(　　　)

   (3) 나나의 다리에서 피가 나고 있어요.　(　　　)

2. 여러분은 언제 보건실에 가 봤어요?

   ➡ _____

 나나는 이제 괜찮을까요?
🔲로 확인해 보세요.

 전체 대화를 들어 보세요.

▨ 활용하기

수호가 이마를 다쳤어요.

 : 어, 왜 이마에 상처가 났어?

 : 학교에 오다가 눈 위에서 미끄러져서 그래.

 : 다친 지 얼마나 됐어? 머리를 다쳐서 걱정된다. 빨리 보건실에 가 봐.

 : 그래, 알겠어.

읽고 써 봐요

¤ **다음을 읽고 질문에 답하세요.**

보건실 이용 안내

보건실은 몸이 아프거나 다쳤을 때 또는 건강 상담을 받고 싶을 때 이용하는 곳입니다.

＊이용 시간
- 월~금 오전 8시 30분부터 오후 5시까지

＊이용 방법
- 보건실에서는 아픈 친구들이 쉴 수 있게 조용히 하세요.
- 보건실 이용 신청서에 학년, 반, 번호, 이름을 쓰세요.
- 수업 시간에 보건실에 올 때는 담임 선생님이나 교과 선생님께 말씀드리고 오세요.
- 무엇을 하다가 다쳤어요? 언제부터 아파요? 자세히 이야기해 주세요.

– 대한중학교 보건실 –

1. 읽은 내용과 같으면 ○, 다르면 ✕ 하세요.

   (1) 주말에도 학교 보건실을 이용할 수 있어요.   (   )

   (2) 보건실을 이용하고 싶으면 보건실 이용 신청서를 써야 해요.   (   )

   (3) 수업 시간에는 보건실에 오기 전에 선생님께 말씀드려야 해요.   (   )

2. 보건실에서는 왜 조용히 해야 해요?

3. 보건실은 언제, 무엇을 하고 싶을 때 이용하는 곳이에요?

¤ **아프거나 다친 곳이 있어요?**

*아파요

어디가 아파요?	
아픈 지 얼마나 됐어요?	
어떻게 아파요?	

*다쳤어요

어디를 다쳤어요?	
어떻게 하다가 다쳤어요?	
다친 지 얼마나 됐어요?	

¤ **보건실 이용 신청서를 써 보세요.**

보건실 이용 신청서

학년	반	번	이 름:

증상	

이용 일시: 년   월   일   교시 (~   )

담임 교사	교과 교사	보건 교사
(인)	(인)	(인)

－대한중학교 보건실－

대화 지문

1과	대화 1	전	와니: 정호야, 어서 와. 정호: 와니야, 생일 축하해. 이건 선물이야. 너한테 잘 어울릴 거야. 와니: 와, 빨간색 모자네? 정말 예쁘다. 고마워. 정호: 아니야. 초대해 줘서 나도 고마워.
		후	정호: 와니야, 나 이제 갈게. 와니: 그래. 오늘 와 줘서 고마워. 정호: 나도 정말 재미있었어. 와니: 나도. 그리고 선물 정말 고마워. 잘 가.
	대화 2	전	수호: 나나야, 수학 문제집 벌써 다 풀었어? 나나: 응. 이번 주 토요일에 수학 문제집 사러 서점에 갈 거야. 수호: 그래? 나도 수학 문제집 새로 사야 해. 같이 갈까? 나나: 좋아. 그럼 소연이도 같이 데려갈까? 소연이가 수학을 잘하니까 문제집을 　　　잘 골라 줄 거야. 수호: 그래, 알겠어.
		후	소연: 이 문제집 괜찮네. 수호야, 너 이 문제집 있어? 수호: 응. 그건 이미 풀었어. 소연: 그럼 이건 어때? 이 문제집도 괜찮아. 수호: 그래? 그럼 그걸로 살까?

2과	대화 1	전	선영: 정호야, 오늘 시간 있어? 정호: 응. 시간 있어. 그런데 왜? 선영: 오늘 수업 끝나고 문구점에 같이 갈래? 정호: 그래, 좋아. 같이 가자.
		후	정호: 자세히 설명해 줘서 고마워. 선영: 아니야. 뭘. 정호: 그럼 우리 내일 보자. 선영: 응. 오늘 산 거 잊지 말고 내일 꼭 가져와야 해.
	대화 2	전	김지영 선생님: 여러분, 내일이 시험이지요? 시험공부 많이 했어요? 수호, 소연: 아니요. 김지영 선생님: 괜찮아요. 오늘부터 열심히 공부하세요. 수호, 소연: 네, 알겠습니다.
		후	소연: 수호야, 시험 잘 봤어? 수호: 아니. 좀 어려웠어. 그런데 성적은 언제 알 수 있어? 소연: 다음 주에 선생님이 성적표를 주실 거야. 수호: 다음 주까지 어떻게 기다려.

3과	**대화 1**	전	호민: 이번 달에 우리 학교에 무슨 행사가 있지? 와니: 체험학습을 가. 호민: 어디로 가? 와니: 아직 몰라. 민속촌에 가고 싶다.
		후	와니: 선생님, 너무 추워요. 이진영 선생님: 응. 비가 와서 그래. 와니: 그런데 저는 선생님 말씀을 듣고 얼음물을 가져왔어요. 이진영 선생님: 얼음물? 와니야. 지금은 4월이야. 여름이 아니야.
	대화 2	전	나나: 민우야, 학교 축제에서는 보통 뭘 해? 민우: 연극도 하고 노래도 해. 나나: 다른 건 없어? 민우: 간단한 음식도 만들어서 팔아.
		후	유미: 와, 오늘 공연 정말 멋있었어. 민우: 고마워. 나나가 많이 도와줬어. 나나: 내가 뭘. 민우 네가 열심히 연습해서 그래. 유미: 날씨도 쌀쌀하니까 우리 따뜻한 거 먹으러 가자.

4과	**대화 1**	전	선영: 호민아, 방과 후 수업 뭘 신청할 거야? 호민: 아직 못 정했어. 언제까지 신청해야 해? 선영: 이번 주 금요일까지 신청해야 해. 호민: 그래? 빨리 결정할게. 알려 줘서 고마워.
		후	호민: 엄마, 저 방과 후 국어 수업도 신청할까 해요. 호민 어머니: 국어? 수학 수업도 듣고 국어 수업도 들으면 힘들지 않을까? 호민: 그래도 한번 들어 보고 싶어요. 글쓰기 수업이라서요. 호민 어머니: 그래. 네가 하고 싶으면 신청해.
	대화 2	전	유미: 세인아, 이거 한번 읽어 볼래? 세인: 이게 뭐야? 유미: 우리 사진반 전시회 초대장이야. 시간 있으면 보러 와. 세인: 그래, 알겠어.
		후	유미: 세인아, 어서 와. 여기가 우리 동아리방이야. 세인: 와, 멋있는 사진이 많네. 다 너희가 찍었어? 유미: 응. 며칠만 동아리 활동을 하면 너도 이렇게 찍을 수 있어. 세인: 에이, 거짓말. 그래도 신청서는 쓸게. 유미: 하하하.

5과	**대화 1**	전	와니: 호민아, 주말에 뭘 할 거야? 호민: 영화를 보러 가려고 해. 너는? 와니: 나는 테니스를 배우러 갈 거야. 호민: 재미있겠다. 열심히 배워서 나도 가르쳐 줘.
		후	와니: 영수야, 왜 나한테 거짓말했어? 영수: 무슨 거짓말? 와니: 테니스 배우기 너무 어려워. 배드민턴이 훨씬 쉬워. 그냥 배드민턴이나 칠래. 영수: 그건 처음이라서 그래. 계속하면 괜찮을 거야.
	대화 2	전	민우: 나나야, 이번 방학에 뭘 할 거야? 나나: 가족들과 여행을 갈까 해. 그런데 어디로 가면 좋을까? 민우: 경주나 제주도에 가 봐. 나나: 경주는 이미 가 봤어. 이번에는 제주도에 가 볼게.
		후	민우: 제주도 여행 어땠어? 나나: 좋았어. 음식도 맛있고 경치도 정말 아름다웠어. 민우: 한라산은 어땠어? 좋았지? 나나: 아, 한라산? 힘들어서 중간에 내려왔어.

6과	대화 1	전	정호: 와니야, 설날에 먹는 특별한 음식이 뭔지 알아? 와니: 떡국이지. 올해 설날에도 먹었어. 정호: 그런데 너 설날에 떡국을 왜 먹는지 알아? 와니: 그럼. 떡국 한 그릇 먹으면 나이를 한 살 더 먹는 거야. 그래서 설날에 먹는 거지.
		후	정호: 와니야, 설날 잘 보냈어? 와니: 응. 그런데 나 너보다 세 살 많아. 이제 누나야. 정호: 무슨 말이야? 와니: 나 설날에 떡국 세 그릇 먹었어. 정호: 뭐? 그럼 내가 오빠야. 난 떡국 네 그릇 먹었어.
	대화 2	전	민우: 선영아, 곧 부모님 결혼기념일인 거 알지? 선영: 응. 난 벌써 선물을 준비했어. 장갑을 드릴 거야. 오빠는? 민우: 아직 생각 중이야. 무슨 선물을 사면 좋을까? 선영: 글쎄. 잘 생각해 봐.
		후	나나: 민우야, 부모님 결혼기념일에 편지를 써 드렸어? 민우: 응. 정말 좋아하셨어. 나나: 그렇지? 그래서 난 매년 편지를 써 드려. 민우: 어머니가 내 편지를 읽고 눈물을 보이셨어. 앞으로 자주 써 드려야겠어.
7과	대화 1	전	선영: 호민아, 넌 장래 희망이 뭐야? 호민: 나는 요리사가 되고 싶어. 넌? 선영: 나는 기자가 되고 싶어. 호민: 오, 너한테 잘 어울리겠다.
		후	정호: 선영아, 호민이가 만든 요리를 먹어 봤어? 선영: 응. 주말에 호민이가 친구들을 집으로 초대해서 음식을 만들어 줬어. 　　　너는 왜 안 왔어? 정호: 동생 생일이라서 못 갔어. 그런데 호민이가 만든 음식은 맛있었어? 선영: 응. 요리 학원에서 배운 잡채를 만들었는데 정말 맛있었어.
	대화 2	전	유미: 수호야, 어디 가? 수호: 응. 선생님을 만나러 상담실에 가. 유미: 왜? 무슨 문제가 있어? 수호: 아니. 내 장래에 대해 선생님과 이야기하고 싶어서 상담을 신청했어.
		후	유미: 선생님하고 상담은 잘했어? 수호: 응. 선생님 덕분에 나한테 잘 어울리는 직업이 뭔지 알게 되었어. 유미: 잘 어울리는 직업? 그게 뭔지 궁금하다. 수호: 바로 체육 선생님이야.
8과	대화 1	전	정호: 선영아, 나 천 원만 빌려 줘. 선영: 알았어. 근데 용돈을 다 썼어? 정호: 아니. 지갑을 잃어버렸어. 선영: 어머, 어떡해. 빨리 찾아 봐.
		후	선영: 영수야, 너도 지금 시간 있으면 정호 지갑 같이 찾으러 가자. 영수: 지갑? 사물함에 없어? 정호, 너 아까 축구하기 전에 사물함에 넣었잖아. 정호: 아, 그랬나? 선영: 정호, 너. 사물함은 안 찾아 본 거야?
	대화 2	전	나나: 민우야, 너 혹시 반창고 있어? 민우: 아니, 없는데. 왜? 어디 다쳤어? 나나: 무릎에서 피가 좀 나서. 민우: 많이 다쳤어? 어디 봐 봐.
		후	민우: 이제 좀 괜찮아? 나나: 응. 이제 안 아파. 민우: 내가 옆에 있어 줘서 그래. 역시 난 좋은 친구야. 나나: 어휴, 뭐라고?

정답

1과	
문법 1	(1) 읽으셨어요 (2) 가르쳐 주셨어요
문법 2	(1) 잘 추네 (2) 친절하네
문법 3	(1) 어디에 가기로 했어 / 노래방에 가기로 했어 (2) 언제 모이기로 했어 / 2시에 모이기로 했어
문법 4	(1) 축구 선수처럼 축구를 잘해요 (2) 언니처럼 친구들을 잘 도와줘요
대화 1	1. (1) X (2) X (3) O
대화 2	1. (1) O (2) O (3) O
읽고 쓰기	1. (1) X (2) O (3) O 2. 생일 파티에 초대하고 싶어서 초대장을 보냈어요. 3. 2시까지 가야 해요.

2과	
문법 1	(1) 어려운 (2) 편한
문법 2	(1) 비가 오니까 (2) 날씨가 추우니까
문법 3	(1) 시험지의 질문을 잘 읽고 (2) 국어 공부를 다 하고
문법 4	(1) 이 빵도 먹을래 / 우유만 마실래 (2) 저기에 앉을래 / 그냥 여기에 있을래
대화 1	1. (1) O (2) X (3) X
대화 2	1. (1) X (2) O (3) X
읽고 쓰기	1. (1) O (2) X (3) O 2. 시험을 4일 동안 봐요. 3. 휴대 전화를 사용하면 안 돼요. 친구하고 이야기하면 안 돼요. 친구의 시험지를 보면 안 돼요.

3과	
문법 1	(1) 청소를 하기 전에 / 청소를 하기 전에 창문을 열어요 (2) 친구하고 놀기 전에 / 친구하고 놀기 전에 숙제를 해요
문법 2	(1) 공부를 한 후에 / 공부를 한 후에 동생하고 놀기로 했어 (2) 영화를 본 후에 / 영화를 본 후에 도서관에 가기로 했어
문법 3	(1) 그림을 그리고 있어요 (2) 옷을 갈아입고 있어요
문법 4	(1) 비가 올까요 (2) 책을 읽을까요
대화 1	1. (1) X (2) O (3) X
대화 2	1. (1) O (2) O (3) X
읽고 쓰기	1. (1) O (2) O (3) X 2. 안전 교육을 받아야 해요. 3. 5월 11일 금요일에 가요.

4과	
문법 1	(1) 열심히 할게요 (2) 잘 들을게요
문법 2	(1) 방과 후 수업을 들을까 해요 (2) 춤 연습을 할까 해요
문법 3	(1) 오늘 이걸 먹어 볼까 / 이걸 먹어 보자 (2) 합창부에 들어가 볼까 / 같이 해 보자
문법 4	(1) 친구를 만나지 못해요 (2) 영화를 보지 못해요
대화 1	1. (1) X (2) O (3) O
대화 2	1. (1) O (2) O (3) X
읽고 쓰기	1. (1) X (2) O (3) O 2. 신청서를 써야 해요. 3. 매주 만나서 같이 사진도 찍고 매 학기 사진 전시회도 해요.

5과	
문법 1	(1) 뭘 해 봤어요 / 같이 등산을 해 봤어요 (2) 어떤 음식을 만들어 봤어요 / 떡볶이를 만들어 봤어요
문법 2	(1) 삼계탕을 먹은 적이 있어요 / 먹은 적이 있어요 / 먹은 적이 없어요 (2) 콘서트를 본 적이 있어요 / 본 적이 있어요 / 본 적이 없어요
문법 3	(1) 학교에 갈 때 (2) 피자를 먹을 때
문법 4	(1) 리코더를 불 줄 알아요 (2) 낚시를 할 줄 몰라요
대화 1	1. (1) O (2) X (3) O
대화 2	1. (1) O (2) O (3) X
읽고 쓰기	1. (1) X (2) O (3) O 2. 우표 수집 동호회를 소개하고 싶어서 글을 썼어요. 3. 다른 회원들이 모은 옛날 우표나 세계 여러 나라의 우표를 구경할 수 있어요.

6과	
문법 1	(1) 친하기 때문에 (2) 비가 오기 때문에
문법 2	(1) 더운 것 같아 (2) 늦게 일어난 것 같아
문법 3	(1) 자주 보는데 (2) 할아버지 댁에 갔는데
문법 4	(1) 어디에서 자전거를 고치는지 알아 / 아니. 어디에서 자전거를 고치는지 몰라 (2) 보통 누가 교실에 제일 먼저 오는지 알아 / 응. 보통 누가 교실에 제일 먼저 오는지 알아
대화 1	1. (1) O (2) O (3) X
대화 2	1. (1) O (2) O (3) O
읽고 쓰기	1. (1) O (2) O (3) X 2. 4월 20일이에요. 3. 기념행사만 하기 때문에 학교가 일찍 끝나요.

7과
문법 1	(1) 일찍 일어나게 되었어 (2) 좋은 점수를 받게 되었어
문법 2	(1) 저녁을 먹으려고 (2) 의사가 되려고
문법 3	(1) 학원에 가거나 집에서 공부를 해 (2) 친구랑 놀거나 컴퓨터 게임을 해
문법 4	(1) 기분이 좋아져요 (2) 몸이 날씬해져요
대화 1	1. (1) O (2) O (3) X
대화 2	1. (1) O (2) O (3) X
읽고 쓰기	1. (1) O (2) O (3) O 2. 다른 사람에게 소식을 알려 주는 일을 해요. 3. 필요한 능력, 필요한 공부, 성격과 행동이 써 있어요.

8과
문법 1	(1) 물을 빨리 마시다가 (2) 열쇠를 잃어버려서 찾다가
문법 2	(1) 친구가 교실에 들어오게 (2) 아기가 잠을 잘 자게
문법 3	(1) 친구들을 집에 초대해서 생일 파티를 할 거야 (2) 언니한테 카메라를 빌려서 공원에서 사진을 찍을 거야
문법 4	(1) 이 사진을 찍은 지 (2) 집에 온 지
대화 1	1. (1) X (2) X (3) O
대화 2	1. (1) O (2) X (3) O
읽고 쓰기	1. (1) X (2) O (3) O 2. 아픈 친구들이 쉴 수 있게 조용히 해야 해요. 3. 몸이 아프거나 다쳤을 때 또는 건강 상담을 받고 싶을 때 이용하는 곳이에요.

어휘 색인

어휘	페이지
KTX	91

ㄱ

가끔	91
가수	127
가을	55
가정 통신문	123
간단하다	67
간식	55
간호사	126
감동하다	121
개천절	108
개학하다	55
걱정하다	37
걸다	145
겨울	55
결정하다	83
결혼기념일	108
경기	91
경복궁	69
경찰	126
경치	103
계곡	103
계단	144
계속	127
계시다	19
고르다	31
고치다	109
과자	109
관련	72
관심	127
광복절	108
괜찮다	49
교과	159
교과서를 복습하다	36
교과서를 예습하다	36
교사	126
교통비	69
교통사고	144
군인	126
궁금하다	123
그냥	37
그때	73
그만하다	37
글쎄	67
금방	101
기념행사	109
기념일	108
기말고사	36
기자	127
기침	109
기타를 치다	90
긴장하다	37
께	19
꼭	47
꽃다발	55
꿈	127

ㄴ

나이를 먹다	119
나중	137
낚시를 하다	91
날씬하다	127
낫다	145

내용	87		동안	127
넘어지다	144		동지	108
노래를 부르다	18		동호회	105
노력하다	127		두껍다	37
놀이 기구	55		드리다	19
놀이공원	55		드시다	19
눈물	121		들다	49
			들어가다	73
			들어오다	145
			등산을 하다	90

ㄷ

다니다	73		따뜻하다	54
다르다	91		따로	139
다양하다	127		땀	109
다치다	145		때	73
단어를 외우다	36		떡국	109
단풍	103		떨어지다	145
달력	109		또한	123
달리기	55		똑같이	69
답안지	37		뛰다	141
답이 맞다	37		뛰어가다	137
답이 틀리다	37			
대단하다	29			
대보름	108			

ㅁ

대화를 하다	18		막히다	19
대회	109		만화를 그리다	91
덕분	139		말씀	19
덥다	37		말씀하시다	19
도시락	54		매년	73
도움	73		매달	73
독서를 하다	91		매일	73
독서반	72		매주	73
돈을 찾다	127		며칠	85
돌	108		명절	108
돌려주다	145		모르다	73
동물원	54		목도리	121
동아리	72		무릎	157

문의	123		ㅅ	
문자 메시지	18			
문제	19	사과	145	
문제를 풀다	37	사인하다	137	
문제집	31	사전	47	
물놀이를 하다	18	사진반	72	
물론	55	사진을 찍다	18	
미끄러지다	144	삼계탕	91	
미술관	54	삼일절	108	
민속촌	65	상담	159	
		상처가 나다	145	
	ㅂ	생기다	141	
		생신	19	
바이올린을 켜다	91	선물	18	
밖	91	선생님께 질문하다	36	
반드시	141	선선하다	55	
반창고	157	선수	19	
방법	87	선택하다	73	
방송국	127	설날	108	
방학 숙제	54	설명하다	47	
방학식	54	성적이 나쁘다	37	
배드민턴을 치다	90	성적이 좋다	37	
배우	137	성적표를 받다	37	
밴드부	72	성함	19	
벽	145	세배	109	
변호사	127	세우다	37	
보건실	145	세종대왕	109	
복잡하다	119	소개하다	105	
봄	54	송편	109	
분위기	119	수업료를 내다	73	
비밀	109	수영을 하다	90	
비슷하다	101	수영장	18	
비키다	145	수저	91	
빨리	73	쉽다	91	
		스승의 날	108	
		스케이트를 타다	90	

시골	109	여기저기	73
시원하다	55	여름	54
시작되다	55	여쭤보다	19
시험 과목	36	연극	109
시험 기간	36	연기	137
시험 범위	36	연세	19
시험공부	37	연습	55
시험지	37	연습장	47
식당	73	연주	67
식비	69	연휴	109
신문 방송반	72	열쇠	145
신청서	73	열심히	37
신청하다	65	예전	119
신호등	144	온도가 높다	144
실력	137	올라가다	103
실수	141	올해	119
심다	145	외국어 공부반	72
쌀쌀하다	55	요리사	127
		요즘	85

ㅇ

		용돈	155
		우표를 모으다	91
아까	145	운동선수	127
아나운서	19	원하다	73
아이	91	유명하다	91
악기	101	은행	127
안내문	65	음악가	127
안전	69	의사	126
야구를 하다	90	아걸	29
약사	126	이루다	127
약속 장소에 모이다	18	이마	157
양치질	55	이번 주	31
얘기	37	이상	73
어린이날	108	이어달리기	55
어버이날	108	이용하다	159
어울리다	19	이하	73
얼음물	65	이해하다	141

인원	73	중간	103
일정	36	중간고사	36
잃어버리다	145	중요하다	141
입학식	54	지갑	145
잊다	47	지나가다	145
		직업	127
		직접	119
		진지	19
		질문	37

ㅈ

자격	87		
자기	49		
자리	49		
자세히	47		
자신이 없다	37		
자신이 있다	37		
잠	145		
잡다	145		
잡수시다	19		
장갑	121		
장래	139		
전 학년	73		
점수가 낮다	37		
점수가 높다	37		
점점	127		
정답을 고르다	37		
정보	141		
정하다	83		
제헌절	108		
조용히	85		
졸업	55		
졸업생	55		
졸업식	55		
종류	87		
주로	127		
주머니	145		
주무시다	19		
줍다	145		

ㅊ

차례	109
찾다	145
찾아가다	141
처음	127
천천히	29
체육 대회	55
체험학습	54
초대장을 받다	18
초대장을 주다	18
초대하다	18
추석	108
추천하다	139
출발	69
춤을 추다	18
춤다	37
취미	72
치료하다	145
친구에게 물어보다	36
친척	109

ㅋ

카네이션	109

카메라	87		화가	127
콘서트	91		활동	72
콜라	91		회사원	126
큰집	119		회원	85
			횡단보도	144
			후배	145
			훨씬	91
			흘리다	144

ㅌ

탁구	127
태권도	91
특별하다	119

ㅍ

파티	18
편지	18
편찮으시다	19
평소	87
표	73
푹	145
피가 나다	145
피아노를 치다	90
필요하다	83

ㅎ

학교 축제	55
학기	87
한글날	108
한번	73
한복	91
함께	37
합창부	72
해외여행	91
혹시	47
혼자	91
홈페이지	37

문법 색인

문법	페이지
-거나	130
-게	147
-게 되다	128
-고 있다	58
-고(순서)	40
-기	101
-기 때문에	110
-기 전에	56
-기로 하다	22
께서	29
-네(요)	21
-는	38
-는 것	101
-는 것 같다	111
-는 동안에	156
-는데	112
-는지 알다/모르다	113
-다	29
-다가	146
르 불규칙	103
마다	83
만	121
못	49
-어 보다(경험)	92
-어 보다(시도)	76
-어 줄래(요)	155
-어서(순서)	148
-어지다	131
-으니까	39
-으려고	129
-으렴	139
-으시-	20
-은 적이 있다/없다	93
-은 지	149
-은 후에	57
-을 때	94
-을 줄 알다/모르다	95
-을 거예요	64
-을게(요)	74
-을까 하다	75
-을까(요)	59
-을래(요)	41
-읍시다	65
-자	31
중에서 제일/가장	85
-지 못하다	77
-지(요)	47
처럼	23

담당 연구원 ──
정혜선 국립국어원 학예연구사
박지수 국립국어원 연구원

집필진 ──
책임 집필
심혜령 배재대학교 한국어문학과 교수

공동 집필
내용 집필
박석준 배재대학교 한국어문학과 교수
김윤주 한성대학교 크리에이티브인문학부 교수
문정현 배재대학교 미래역량교육부 교수
이미향 영남대학교 국제학부 교수
이숙진 강남대학교 어학교육원 강사
이은영 전북대학교 언어교육부 강사
홍종명 한국외국어대학교 한국어교육과 교수
오현아 강원대학교 국어교육과 교수
이선중 경희대학교 국제교육원 객원교수
황성은 배재대학교 글로벌교육부 교수

내용 검토
조영철 인천담방초등학교 교사
김형순 인천한누리학교 교사

연구 보조원
김경미 배재대학교 한국어교육원 강사
김세정 한남대학교 한국어교육원 강사
최성렬 배재대학교 한국어교육학과 박사 과정
김미영 우석대학교 한국어교육지원센터 강사

박현경 배재대학교 한국어교육원 강사
이창석 배재대학교 한국어교육원 강사
주명진 인천영종고등학교 교사
김진희 대구북동중학교 교사

중고등학생을 위한
표준 한국어
의사소통 2

ⓒ 국립국어원 기획 | 심혜령 외 집필

초판 1쇄 발행 | 2019년 2월 28일
초판 6쇄 발행 | 2024년 3월 12일

기획 | 국립국어원
지은이 | 심혜령 외
발행인 | 정은영
책임 편집 | 김윤정
디자인 | 디자인붐
일러스트 | 조은혜
사진 제공 | 셔터스톡

펴낸 곳 | 마리북스
출판 등록 | 제2019-000292호
주소 | (04037) 서울특별시 마포구 양화로 59 화승리버스텔 503호
전화 | 02)336-0729   팩스 | 070)7610-2870
이메일 | mari@maribooks.com
인쇄 | (주)신우인쇄

ISBN 978-89-94011-02-8 (54710)
      978-89-94011-00-4 (54710) set